LE
CRÉDIT COLLECTIF

SUPPLÉANT LE CRÉDIT INDIVIDUEL.

INUTILITÉ DE L'USURE, DE L'AGIOTAGE, DU PRÊT INDIVIDUEL SUR HYPOTHÈQUE, DE LA SPÉCULATION ET DE L'ACCAPAREMENT;

SUIVI DE

LE GOUVERNEMENT DE TOUS

PAR TOUS.

Le pouvoir exécutif à la commission nommée par l'Assemblée législative.
Le pouvoir législatif à l'Assemblée législative, élue au suffrage universel direct et non restreint.
Le pouvoir consultatif et le pouvoir administratif au peuple organisé en assemblées communales, cantonales, départementales et nationales.

PAR

François COIGNET,

MANUFACTURIER,

Auteur de

LA RÉFORME DU CRÉDIT ET DU COMMERCE.

GRENOBLE,
IMPRIMERIE DE N. MAISONVILLE, RUE DU PALAIS.

—

1850.

1851

AVIS AU LECTEUR.

Le travail que nous publions est une œuvre de paix et de conciliation; pour l'accomplir, nous n'avons écouté que notre conscience, et ce que nous avons cru être la justice, l'équité et la raison. Nous demandons à ceux qui le liront de ne point se hâter de porter un jugement : et quand même le lecteur exercerait l'une des fonctions dont nous essayons de démontrer l'inutilité, il doit avoir le courage d'aller jusqu'au bout.

Alors, s'il est honnête homme, s'il a dans le cœur quelque sentiment de fraternité chrétienne, nous ne redouterons pas sa sentence.

Il nous approuvera si nous avons dit vrai.

Il nous pardonnera si nous nous sommes trompé.

INTRODUCTION.

Nous avons déjà fait de nombreuses publications (1), qui toutes ont eu pour but de démontrer qu'au moyen d'une institution de crédit aussi simple à comprendre que facile à réaliser, il était possible d'abolir l'agiotage et l'usure, de rendre inutile le PRÊT INDIVIDUEL SUR HYPO-THÈQUE ; de donner le crédit, non seulement à tous les possesseurs de terres, de maisons, d'usines, d'actions ou titres industriels, mais encore à tous les possesseurs de produits, c'est-à-dire à tous les producteurs, pourvu que ces produits aient une valeur réelle, basée sur une vente assurée et un écoulement rapide.

Nous avons, en outre, cherché à démontrer qu'indépendamment du crédit ouvert à tous possesseurs de produits, il était on ne peut plus facile de mettre directement en rapport entre eux les producteurs et les consommateurs, sans faux frais, sans intermédiaires, rapport direct qui aurait pour effet inévitable la suppression de l'accaparement et L'INUTILITÉ DE LA SPÉCULATION.

De telle sorte que toutes les sommes prélevées aujourd'hui par l'usure, l'agiotage, le prêt individuel sur hypo-

---

(1) RÉFORME DU CRÉDIT ET DU COMMERCE, *appel à tous les producteurs.*

SOCIALISME *appliqué à la production, à la circulation, à la consommation.*

Paris, Librairie Sociétaire, quai Voltaire, 25.

thèque, l'accaparement et la spéculation, retournant tout entières à la production et à la consommation, il en résulterait une révolution complète dans l'état actuel de la société, non seulement en faveur de tous les producteurs propriétaires, mais surtout en faveur des PRODUCTEURS PROLÉTAIRES; révolution toute pacifique, et fondée uniquement sur la justice, sur l'équité, sur le respect de tous les droits et de toutes les libertés.

C'est encore le même but que nous poursuivons dans la présente publication; seulement, nous avons tâché de devenir encore plus précis et plus clair, et de rendre nos démonstrations si palpables, qu'elles puissent être accessibles à tous.

La persévérance que nous mettons à poursuivre la démonstration de l'inutilité de l'usure, de l'agiotage, du prêt individuel sur hypothèque, de la spéculation et de l'accaparement, peut nous donner l'apparence d'un ennemi passionné et systématique de la bourgeoisie.

Il n'en est rien : propriétaire, manufacturier, nous faisons donc partie de la bourgeoisie; nous y avons tous nos intérêts, toutes nos affections, et, loin de lui être hostile, loin de provoquer sa chute, nous croyons au contraire travailler à sa conservation et la défendre dans ses droits légitimes, mais dans ses droits légitimes seulement. Loin de travailler à la destruction de la bourgeoisie, c'est avec une ardeur douloureuse que nous recherchons les moyens de la sauver.

Or, suivant nous, un seul moyen réellement efficace existe aujourd'hui : c'est la réalisation d'institutions destinées à remplacer l'usure, l'agiotage, le prêt individuel sur hypothèque, la spéculation et l'accaparement.

Le jour des sacrifices est venu; la Révolution est là, béante, implacable, prête à tout dévorer, si la bourgeoisie ne se hâte de prendre l'initiative des réformes; prête à briser les priviléges de la bourgeoisie, comme cette bourgeoisie elle-même a su briser en 89 les priviléges de la noblesse.

La bourgeoisie, lancée sur la mer des révolutions, est un vaisseau battu par une effroyable tempête, sans mâts, sans boussole, sans gouvernail, faisant eau de toutes parts; prête à sombrer dans les abîmes, il ne lui reste plus qu'un seul espoir.

Il lui faut jeter du lest à la mer; il est urgent, si elle veut conserver son existence, si elle veut sauver ses droits légitimes, ce qu'elle a de plus cher, qu'elle jette par-dessus le bord les monopoles et les priviléges; sinon elle est perdue; et surtout elle ne doit pas tarder, car, demain peut-être, il serait trop tard.

D'ailleurs, en consentant au sacrifice, en prenant l'initiative des réformes, la bourgeoisie n'agira pas simplement suivant les lois de la justice, de l'équité, de la religion: elle fera acte d'intelligence et d'intérêt bien entendu, car voulût-elle s'opposer aux réformes, fût-elle assez aveugle pour suivre la carrière aventureuse des révolutions, ses monopoles, ses priviléges n'en seraient pas moins abolis, les institutions destinées à remplacer l'usure, l'agiotage, le prêt individuel sur hypothèque, la spéculation et l'accaparement, étant aujourd'hui trop connues pour qu'il soit possible de reculer longtemps encore leur mise en pratique.

La lumière est faite, ET LE CRÉDIT COLLECTIF VA SUP-PLANTER LE CRÉDIT INDIVIDUEL.

Or, en disparaissant, le crédit individuel entraînera avec lui tous les monopoles, tous les priviléges.

Le crédit individuel, c'est-à-dire le crédit fait à un individu par un autre individu, a présidé jusqu'à ce jour à toutes les transactions. Toutes les fois qu'un individu, offrant même toute espèce de gage et de garantie, a eu besoin d'un capital ou d'un instrument de travail, il a dû s'adresser à un autre individu possédant ce capital ou cet instrument de travail, lequel naturellement, en cédant le capital ou l'instrument de travail à l'emprunteur, subissait une privation, et acquérait par ce fait un droit légitime à être indemnisé de cette privation.

Or, c'est cette indemnité légitimement due par l'emprunteur qui a servi de prétexte à l'usure, à l'agiotage, au prêt individuel sur hypothèque, à la spéculation et à l'accaparement, pour prélever inutilement des sommes énormes sur la production et sur la consommation.

Mais le crédit individuel doit céder la place au crédit collectif, c'est-à-dire au crédit fait à tous par tous et non à un individu par un individu; tout emprunteur solvable offrant gage et garantie, devant s'adresser à la société au lieu de s'adresser à l'individu.

SUBSTITUTION DU CRÉDIT COLLECTIF AU CRÉDIT INDIVIDUEL : telle est la révolution économique qui brisera les monopoles et les priviléges, et qui brisera la bourgeoisie elle-même, si elle continue de s'opposer à ce qu'exigent la science économique, le bon sens, la justice et l'équité.

Il n'y a pas à se le dissimuler; l'abandon de ces priviléges sera un grand sacrifice pour la bourgeoisie; car c'est principalement par leur moyen qu'elle a pu s'élever si fort au-dessus des classes laborieuses, propriétaires ou prolétaires.

Aussi, la bourgeoisie fera-t-elle tous ses efforts pour échapper à cette dure nécessité; mais c'est en vain. Douloureux ou non, de gré ou de force, ce sacrifice doit être accompli; ce sacrifice seul peut rétablir l'équilibre et ramener la paix dans la société en donnant satisfaction aux intérêts du plus grand nombre. Et la bourgeoisie aura tout à gagner, puisque nulle société ne sera stable, nul gouvernement ne pourra durer, si les intérêts de la majorité ne sont satisfaits.

Or, la majorité est évidemment formée de la classe tout entière des producteurs, propriétaires ou prolétaires.

Le problème social consiste donc à trouver les moyens de satisfaire à la fois et les intérêts des propriétaires et ceux des prolétaires.

Car satisfaire les uns et non les autres ne serait pas une solution.

Ne satisfaire que le propriétaire et maintenir le prolétariat avec tout son cortége de misère et de souffrances;

Ne satisfaire que le prolétariat et sacrifier les vingt millions de propriétaires français :

Ce serait soulever contre l'ordre social des légions d'ennemis acharnés; ce serait établir la révolution en permanence.

Il faut donc, si la bourgeoisie ne veut périr, qu'elle trouve le moyen de satisfaire cette immense majorité.

Et, suivant nous, le seul moyen c'est de sacrifier l'usure, l'agiotage, le prêt individuel sur hypothèque, la spéculation et l'accaparement, en substituant le crédit collectif au crédit individuel.

Ce sacrifice seul, ainsi que nous espérons le démontrer, satisfaisant à la fois les intérêts des propriétaires et des prolétaires, mettra fin à l'anarchie sociale dans laquelle nous sommes plongés.

Mais avant d'aborder l'étude des moyens qui, selon nous, sont à même de donner satisfaction à la propriété et au prolétariat, c'est-à-dire à la production et à la consommation, nous devons signaler l'impuissance de la plupart des moyens proposés jusqu'à ce jour, dont les uns sont matériellement impraticables, les autres insuffisants ou impossibles à réaliser immédiatement dans l'état actuel de la société, s'ils ne sont pas fondés sur l'injustice, en tendant à ne donner satisfaction qu'à un seul intérêt, soit propriétaire, soit prolétaire.

LE CRÉDIT COLLECTIF

SUPPLÉANT LE CRÉDIT INDIVIDUEL.

PLUS DE RÉACTION, PAS D'ANARCHIE RÉVOLUTION-
NAIRE.

La nécessité de donner satisfaction aux intérêts du
plus grand nombre est si bien sentie, qu'il n'y a pas un
seul des nombreux gouvernements qui se sont succédé
depuis soixante ans, qui n'ait cherché à consolider son
pouvoir et à assurer sa durée, en promettant au début
monts et merveilles à la masse des producteurs agricoles
ou manufacturiers, afin de trouver dans la satisfaction
les intérêts des producteurs, un appui solide et une aide
efficace.

Et pourtant, aucun de ces gouvernements n'a cédé la
place qu'en léguant à son successeur une agriculture plus
appauvrie, une manufacture plus misérable.

Il y a trois ans la monarchie fut renversée, la République fut établie ; le peuple eut à se choisir un gouvernement : il y avait donc lieu d'espérer alors qu'un si profond changement amènerait des résultats plus favorables.
Hélas ! vaine espérance !

Le peuple comptait obtenir le crédit à bon marché, la refonte du budget, une plus équitable répartition de l'impôt, un écoulement plus facile des produits, l'abolition des chômages, la hausse des salaires, l'abolition de l'usure sous toutes ses formes, la généralisation de l'éducation et du bien-être : en un mot une réconciliation de toutes les classes par leur union plus fraternelle.

Tous ces beaux rêves se sont évanouis ; une nouvelle révolution s'est encore une fois accomplie sans autre résultat que l'aggravation du mal.

Si bien que les populations, désappointées, éperdues, désespérées, ont laissé surgir la réaction ; et pourtant le peuple, ne cessant de haïr et de mépriser le passé, ne veut y retourner à aucun prix, tout en reculant devant un avenir inconnu, sombre, menaçant et terrible.

La France presque tout entière, c'est-à-dire toute la masse agricole et manufacturière de toutes les classes, ne veut plus de réaction et recule devant l'anarchie révolutionnaire.

Car, que la réaction triomphe, que le passé réussisse encore une fois à vaincre et à dominer l'avenir, et la France, dépecée entre quelques privilégiés, dévorée par le monopole, en proie à l'usure sous toutes les formes, garrottée et soumise, la France succombera sous l'avidité d'une minorité privilégiée qui s'emparera de tous les instruments de travail ; sol, usines, mines, routes, canaux, chemins de fer, marine, commerce, industrie, banque, agriculture et manufactures : tout deviendra sa proie.

L'hypothèque et l'usure, désormais sans entraves, accéléreront leurs ravages et achèveront de faire passer toutes les richesses entre les mains du petit nombre.

A tant de maux viendront se joindre les extorsions et les abus de la spéculation et de l'accaparement en grande échelle, qui, tour-à-tour, exploitant le pays par des hausses et des baisses factices, achetant et vendant les produits à leur gré, amèneront une détresse sans issue comme sans bornes.

Que la réaction triomphe, et bientôt tout producteur, le propriétaire comme le paysan, le manufacturier comme l'ouvrier, expropriés préalablement par l'usure, le prêt individuel sur hypothèque et l'agiotage, achevés ensuite par la spéculation et l'accaparement, tous, accablés, ruinés, écrasés sous les coups du monopole et du privilége, seront plongés dans une commune misère; tous seront réduits au prolétariat, et la France se trouvera partagée en deux classes.

D'un côté, une infime minorité possédant tous les biens, toutes les richesses.

De l'autre, une immense majorité de serfs dépossédés, soumis à une implacable et impitoyable féodalité financière (plus lourde encore et plus avide que n'était la féodalité nobiliaire), absorbant sans cesse et sans relâche le fruit des labeurs et des souffrances des masses exploitées.

Voilà ce que promet à la France le triomphe de la réaction.

Que l'anarchie révolutionnaire triomphe, au contraire, et les maux, pour être différents, ne seront pas moindres.

Que l'anarchie révolutionnaire triomphe, et, sous le prétexte de corriger les abus de la société, elle fera écrouler cette société de fond en comble sans avoir rien à mettre à la place.

Et la France, livrée aux utopies contradictoires, aux tentatives de terreur et de violences, abandonnée aux vengeances, à la cupidité, à la guerre universelle, aux luttes de toutes les classes et de tous les partis, la France ruinée, désespérée, succombera sous tant de coups; le travail sera paralysé, la circulation des produits sera arrêtée, une décomposition rapide du pays en résultera, et à sa suite une misère effroyable, source de désastres devant lesquels l'imagination recule épouvantée. Noyée dans le sang, écrasée sous les ruines de la civilisation, la France alors retournera à la barbarie, entraînant dans sa chute les arts, les sciences, le bien-être, en un mot toutes les conquêtes si péniblement acquises par l'humanité.

Voilà ce que promet à la France le triomphe de l'anarchie révolutionnaire.

Donc, plus de réaction, pas d'anarchie révolutionnaire.

Il est temps que le pays intervienne, car l'heure approche d'une crise suprême et décisive; la réaction et l'anarchie révolutionnaire s'apprêtent à se livrer un dernier combat, dont la France est l'enjeu en attendant qu'elle devienne la proie du vainqueur.

Il est temps que les producteurs, aussi bien les agriculteurs que les manufacturiers, qui forment au moins les neuf dixièmes de la France, qui sont sa vie et sa puissance, sa grandeur et sa richesse, il est temps qu'ils interviennent dans leur propre cause et qu'ils imposent la paix aux combattants par la réalisation d'institutions capables de satisfaire les intérêts du plus grand nombre.

Mais pour réaliser des réformes il ne s'agit point de prendre l'ombre pour la proie; la production doit marcher droit au but,

C'est-à-dire à l'abolition des charges qui pèsent sur elle; et elle ne doit plus se laisser distraire de ce but, soit par les utopies, soit par les illusions. Elle n'a déjà que trop souffert depuis soixante ans pour avoir trop facilement accueilli des promesses mensongères ou impossibles à réaliser.

Elle a acquis assez d'expérience à ses dépens pour ne point recommencer à courir les aventures et pour renoncer aux utopies.

PLUS D'UTOPIES !

L'utopie à laquelle la France s'est le plus souvent laissé prendre depuis soixante ans, est celle de croire que la réalisation des réformes, que la satisfaction des intérêts du plus grand nombre, pouvaient dépendre de l'installation d'un gouvernement bon ou d'un gouvernement fort, trouvant dans sa bonté ou dans sa force la possibilité de faire le bien, de résister aux obstacles et de les vaincre ; comme s'il était possible de trouver ailleurs que dans le peuple tout entier, en possession du pouvoir démocratique, assez de puissance et de force pour suffire à toutes les nécessités.

En effet, la France a essayé de toutes les formes de gouvernement : tour à tour elle a subi la monarchie absolue, la monarchie tempérée, la République absolue et la République tempérée, le consulat, l'empire, deux restaurations, le gouvernement de Louis-Philippe, le gouvernement provisoire, et enfin elle possède aujourd'hui une République ayant à sa tête un président.

Elle pourrait encore essayer, si c'était possible, vingt autres formes de gouvernement, sans qu'aucun d'eux fût capable de donner satisfaction aux intérêts du plus grand nombre.

Tous, tous, sans exception, sont demeurés et demeureraient impuissants, et loin de diminuer le mal ne feraient que l'accroître.

Aussi, les peuples désenchantés ne comptent plus et ne doivent plus compter sur les gouvernements bons et les gouvernements forts ; pour pouvoir compter sur eux, il faudrait que pour satisfaire la majorité des intérêts, pour améliorer le sort des producteurs, un gouvernement sût trouver une force et un appui suffisants dans le concours des intérêts à satisfaire.

Or, jusqu'à présent nul gouvernement n'a su ni n'a pu organiser la coalition de ces intérêts, pour y puiser la force et l'opposer à la coalition des priviléges.

Et, suivant nous, ce n'est que dans la coalition des producteurs, dans la solidarité et dans l'union de leurs intérêts, et là seulement, que les gouvernements trouveront la force qui leur est si nécessaire.

Tant que cette base ne sera point donnée aux gouvernements, il n'y aura pour eux que faiblesse, impuissance et ruine.

Tout le passé le prouve.

Quel gouvernement aura jamais plus de bon vouloir que celui de Louis XVI ; lequel pourra s'entourer de ministres plus grands que les Turgot et les Necker ?

Quel gouvernement aura jamais plus d'énergie que la Convention et Robespierre ?

Lequel aura jamais plus de gloire et de force que celui de Napoléon ?

Lequel fera plus pour la paix que celui de la restauration ?

Lequel encouragera plus les intérêts matériels que celui de Louis-Philippe ?

Lequel aura de meilleurs désirs que le gouvernement provisoire ?

Lequel, enfin, aura une force morale plus grande, une tâche plus facile, un but à atteindre plus déterminé, que celui de Louis-Napoléon, l'élu de six millions de suffrages ?

Et pourtant, malgré tant de conditions de succès, depuis le premier jusqu'au dernier, tous sont demeurés impuissants devant le mal, aucun d'eux n'a pu remplir ses promesses; tous sont parvenus, au lieu de satisfaire les intérêts du plus grand nombre, à les irriter et à préparer ainsi les révolutions.

Et en disant que compter sur les gouvernements bons et forts est une utopie, nous comprenons dans ces gouvernements la dictature, car il existe encore quelques hommes qui ont placé leur espoir dans une dictature, voulant, ainsi qu'ils le disent, faire le bien de la France malgré elle-même.

Or, qui dit dictature, suppose une confiance universelle et sans bornes dans un dictateur; confiance motivée par un génie incontesté, ou tout au moins par de grands services rendus.

Mais, non-seulement il n'existe aujourd'hui nul homme en France dont le génie incontesté ou les grands services aient su conquérir la confiance du pays, non-seulement il n'existe pas d'homme capable de faire un dictateur, mais tous les hommes connus de notre époque, tous réunis, ne feraient pas la monnaie d'un dictateur.

La nation, ne devant compter ni sur les gouvernements forts, ni sur les bons gouvernements, doit à jamais abandonner cette utopie pour se livrer à l'étude et à l'application des réformes.

Toutefois, il faut bien se garder de confondre les réformes nécessaires et possibles, c'est-à-dire celles qui pourraient donner à la fois satisfaction aux intérêts de tous les producteurs, propriétaires ou prolétaires, avec les erreurs utopiques qui, au lieu d'amener la paix et la réconciliation, n'ont fait qu'exciter la haine et pousser le pays à la lutte, en ne cherchant à favoriser qu'un seul intérêt, soit celui de la propriété, soit celui du prolétariat.

C'est ainsi, par exemple, que sous le prétexte de réformer les abus qui accompagnent aujourd'hui la propriété, il faut bien se garder d'attaquer le principe lui-même de la propriété.

Car la propriété est la mère de la civilisation; l'humanité, sans la propriété, ne fût jamais sortie de l'état de sauvagerie.

La propriété a été jusqu'à ce jour le seul mobile du travail.

En effet, que l'on retranche à l'homme la propriété comme mobile, et il ne lui reste plus que le mobile honteux et athée de la misère.

L'amour de la propriété est inhérent au cœur de l'homme, et cet amour n'est point un sentiment do pur égoïsme : il est le lien de la société humaine. Dieu, en créant l'homme, lui a donné pour loi de se conserver et de se développer; il lui a donné l'attrait pour le bien-être, et comme moyen de goûter le bien-être et de veiller à sa conservation et à son développement, il lui a donné l'esprit de prévoyance et d'économie.

Or, les fruits de l'économie et de la prévoyance, depuis l'origine des temps jusqu'à nos jours, au milieu de l'état permanent de lutte, d'antagonisme, d'insolidarité entre les membres de la société, ne se sont manifestés et ne pouvaient se manifester que par la propriété.

Telle est la raison en vertu de laquelle celui qui possède préférerait la mort à la dépossession ; il comprend que sans propriété il retombe sous le coup de toutes les éventualités fâcheuses.

Ceux donc qui, par leurs théories, prenant l'effet pour la cause, ont attribué au principe de la propriété même ce qui ne devait être attribué qu'à ses abus, ceux-là ont commis plus qu'une erreur, plus qu'une faute; ils ont commis un grand crime, dont les conséquences funestes pèseront longtemps encore sur l'humanité.

Car ce sont les attaques contre le principe de la propriété qui, allant fouiller jusqu'aux entrailles de l'homme; qui, le menaçant dans son présent, dans son avenir, dans son bien-être et dans sa conservation, dans ses intérêts, enfin, et dans ceux de sa famille; ce sont ces attaques qui ont enfanté la réaction et tous les maux qu'elle a déjà faits et qu'elle s'apprête à faire encore au pays.

Si Rome est de nouveau soumise à l'Inquisition, si l'I-talie est retombée sous le joug odieux des étrangers, si la Hongrie, noyée dans le sang, a disparu du rang des nations, si l'Allemagne gémit dans les serres de ses ennemis, si la France humiliée voit s'amonceler autour d'elle les ruines de son honneur et de ses libertés;

Si, en un mot, la démocratie succombe, c'est aux menaces faites à la propriété qu'elle le doit.

Non seulement ces menaces à la propriété ont été criminelles et odieuses, mais elles ont été ridicules.

En effet, qui n'est pas plus ou moins propriétaire en France? où s'il ne l'est pas, qui n'aspire à le devenir?

Or, si tout le monde est propriétaire ou aspire à le devenir, on a donc attaqué tout le monde lorsqu'on a attaqué la propriété, et c'est ce qui explique l'essor formidable donné à la réaction par le fantôme de la dépossession.

C'est en vain que presque tous les propriétaires ne possèdent qu'un atôme, qu'ils sont ruinés, misérables, dénués de tont :

Ils sont propriétaires, et cela suffit pour qu'ils défendent la propriété.

Car la propriété est le signe de leur affranchissement ; ils ne croient être citoyens et hommes, que depuis qu'ils sont propriétaires. Il y a cinquante ans à peine que leur avénement à la propriété les a affranchis du servage et de la main-morte; ils sont encore frémissants de haine et de souffrances, et ce sont ces affranchis d'un jour qu'on est venu ridiculement menacer de détruire le signe et le gage de leur indépendance en abolissant la propriété !

Grâce à Dieu, les abominables conséquences de ces odieuses menaces sont encore assez vivantes pour qu'on ne retombe plus dans la même faute.

Car une révolution plus radicale encore que celle de Février parvînt-elle à mettre le pouvoir entre les mains des ennemis de la propriété, les mêmes causes engendreraient les mêmes effets, et si l'acte de démence des menaces à la propriété se renouvelait, une réaction plus formidable encore que celle qui nous opprime aujourd'hui serait le seul fruit qu'on obtiendrait.

Mais la mise hors de cause du principe de la propriété conduit tout droit à ce que nous ne pouvons considérer que comme une autre utopie :

LA RÉALISATION IMMÉDIATE DE L'ASSOCIATION dans l'état actuel de la société, comme moyen de résoudre le problème social, de réconcilier les classes et de pacifier le pays.

Nous le reconnaissons tout le premier : en théorie, l'association est la source de toute économie, de toute harmonie.

L'association est donc le but que l'humanité doit atteindre.

Et si nous traitons l'association d'utopie, ce n'est que pour le moment présent et non pour l'avenir.

Car dans l'association seule les peuples trouveront les moyens de réaliser les préceptes de fraternité du christianisme.

L'association seule, source inépuisable d'économie, pourra permettre la généralisation du bien-être et de l'éducation.

L'association seule permettra l'avénement du prolétariat tout entier à la propriété.

L'association est donc la colonne de lumière qui doit guider le peuple dans le désert aride.

Mais, de même que les Hébreux ont dû traverser le désert avant d'arriver à la terre promise, de même il n'est point possible de faire passer subitement la société

actuelle, divisée, morcelée, de l'individualisme absolu
au collectivisme, c'est-à-dire à l'association.

Un jour viendra, un jour prochain peut-être, où l'association étant le mode d'organisation de la société, tous
les maux actuels de cette société auront disparu.

Mais il ne faut pas s'y tromper, ce n'est pas parce que
l'association existera que ces maux auront disparu, mais
bien parce que de bonnes institutions auront fait dispa-
raître tous ces maux, que l'association pourra alors être
réalisée et qu'elle le sera.

Suivant nous, l'association est un effet et non une
cause, c'est une fin et non un moyen, c'est un but à
atteindre et non une route à suivre, et nous n'hésitons
pas à croire que c'est pour s'être trompé sur cette question, pour avoir cru que l'association était par elle-
même le moyen de résoudre le problème social, que les
partisans de l'association, hommes dévoués, hommes
de cœur et de sacrifice, ont si déplorablement échoué.

Nous savons qu'en traitant d'utopie la réalisation
immédiate de l'association, nous froissons bien des
croyances, nous pouvons ébranler bien des espérances,
nous alarmons bien des amours-propres, et surtout nous
blessons des affections bien anciennes et bien vives.

Mais nous avons la conviction profonde que préconiser l'association immédiate, c'est compromettre encore
une fois l'avenir; c'est perdre inutilement un temps et
des forces précieuses; c'est égarer les populations souf-
frantes en leur indiquant un faux but, ou du moins un but
trop éloigné pour pouvoir être atteint aujourd'hui.

En un mot, c'est vouloir la fin sans vouloir les
moyens.

Nous devons donc passer par-dessus toutes les considérations, et, quoi qu'il nous en coûte, nous devons dire
ce que nous croyons être une vérité salutaire.

Aussi, le disons-nous hautement et consciencieuse-
ment :

Association suppose que les associés ont des intérêts communs et identiques, qu'il existe entre eux bon vouloir, déférence et affection réciproques, convenance de caractère, égalité d'éducation, sympathie de goûts et d'opinions; qu'une confiance absolue règne entre eux: c'est-à-dire qu'ils se savent tous probes, honnêtes, laborieux et dévoués.

Association suppose que chaque associé compte sur ses co-associés comme sur lui-même, chacun répondant corps pour corps de tous les membres de l'association dont il fait partie.

Association, en un mot, suppose une telle harmonie d'intérêts entre les associés, qu'il ne survienne jamais de dissensions ni de rivalité.

Or, ce n'est pas être injuste envers la société actuelle, que de dire qu'elle ne réunit aucune des conditions suivant nous indispensables à l'association.

La méfiance est si grande, les intérêts sont si hostiles, que patrons comme ouvriers repoussent à l'envi toute idée d'association entre eux.

Et même ne fût-il question que de l'association des ouvriers entre eux, nous n'en serions pas moins obligé de considérer comme illusoires les espérances que ce mode d'association a fait naître.

En effet, l'association est si bien une utopie, dans le temps présent, que pour l'agriculture, par exemple, il n'est pas même donné de concevoir la possibilité de l'association dans l'atelier agricole, à moins de changer de fond en comble toutes les conditions actuelles de la société.

Quant à la manufacture, l'association n'est guère plus avancée. Si quelques ateliers ont pu s'élever, si quelques industries ont pu organiser un simulacre d'association, ce n'est qu'au prix de privations et de souffrances indicibles, que l'ardeur de la lutte seule peut expliquer; et encore l'association n'a-t-elle obtenu quelque succès que dans certaines industries spéciales, demandant peu de capitaux et vendant leurs produits chaque jour et au comptant.

Mais en admettant même que l'association eût obtenu un plein succès en manufacture (ce qui n'est pas), ce ne serait pas une solution; car, en définitive, l'association pour chaque industrie séparée, loin de conduire à l'harmonie et à la liberté, mènerait tout droit aux maîtrises en nombre fixe et à l'exclusion du plus grand nombre.

C'est-à-dire que l'association engendrerait le privilége et le monopole, et deviendrait attentatoire à la liberté.

Tout ce que nous disons ici de l'association ne s'adresse qu'à l'association appliquée dans la production.

Quant à l'association dans la consommation, loin d'être une utopie, c'est au contraire une idée mûre, féconde, facilement et immédiatement réalisable, et de laquelle les producteurs et les consommateurs de toutes les classes doivent attendre les plus grands bienfaits.

Cette réserve faite, nous dirons donc que les producteurs de toutes les classes ne doivent compter, comme remède à leurs maux, ni sur la réaction, ni sur l'anarchie révolutionnaire, ni sur l'illusion des gouvernements bons et forts, ni enfin, au moins dans le moment présent, sur l'association appliquée à la production.

Après avoir, autant qu'il était en nous, démontré le peu d'efficacité des moyens les plus généralement préconisés, il nous reste à dire quelques mots sur des utopies moins généralement en vogue, mais qui, néanmoins, offrent encore à quelques esprits des illusions décevantes.

Nous voulons parler des institutions de crédit foncier comme en Allemagne, c'est-à-dire basées sur la lettre de gage, et de la liberté des banques comme aux États-Unis.

Quoique moins répandues que celles dont nous

venons de parler, ces utopies ne sont pas moins dangereuses, en ce sens qu'elles répondent directement aux
souffrances les plus cruelles des producteurs propriétaires.

Il importe donc de leur signaler le vide de ces institutions et leur peu d'efficacité à soulager les maux dont
ils se plaignent; mais comme nous devons nous-même
exposer un système complet de crédit, comme nous devons démontrer que le crédit collectif est seul capable
de résoudre le problème actuellement posé, nous atten-
drons de l'avoir fait pour prouver, très-clairement, que
le crédit foncier comme en Allemagne et la liberté des
banques comme aux États-Unis ne peuvent être qu'un
palliatif insuffisant à guérir les maux de la production.

Bien plus, nous démontrerons que ces institutions, si
chaudement préconisées, ne seraient point mises en
pratique dans l'intérêt des producteurs, mais bien dans
l'intérêt des capitalistes; que le résultat le plus clair qu'on
en obtiendrait, serait une absorption plus rapide et plus
complète du sol par l'hypothèque.

Donc, en tant que réforme efficace, le crédit foncier
comme en Allemagne, la liberté des banques comme aux
États-Unis, ne sont qu'une utopie, sinon un leurre et un
mensonge.

A plus forte raison traiterons-nous d'utopies les diminutions d'impôt dans l'état actuel des choses, car si l'on
n'opère aucune réforme dans l'organisation de la société,
il est matériellement impossible de diminuer l'impôt ni
d'en changer l'assiette.

Il est impossible de diminuer l'armée, il est impossible
de diminuer l'intérêt de la dette.

Or, ces deux services seuls absorbent un milliard.

Quant à ce qu'il est possible de diminuer sur le reste
du budget, cela est si peu important que toutes les pro-

messes faites en ce sens, si elles sont de bonne foi, constituent la plus grosse utopie.

Après avoir repoussé tant et de si belles utopies, que
pourrions-nous dire de cette grossière illusion qui permet
d'espérer que la solution du problème se trouve dans
une extension plus ou moins grande de l'assistance.

Quoique M. Thiers ait déclaré doctoralement qu'il
n'y avait rien autre chose à faire que de multiplier les
aumônes et de créer des caisses de retraite et de secours, nous nous permettrons de dire que l'assistance,
sous toutes ses formes, peut être un adoucissant sur les
blessures sociales; mais que ce moyen, honteux et humi-
liant pour celui qui a recours à lui, non-seulement est
insuffisant à corriger le mal, mais qu'il est impraticable
aujourd'hui, la conscience publique en ayant fait justice.

L'assistance est une dette payée par la fortune à la
misère, mais ce n'est point une solution.

Quoi qu'en dise M. Thiers, il y a donc tout à faire.

LE MAL DE LA SOCIÉTÉ PROVIENT DU TROP GRAND NOMBRE DE FONCTIONS INUTILES.

Il y a tout à faire, avons-nous dit ; mais pour appliquer un remède, il est nécessaire de bien connaître le mal, sinon on s'expose à tuer le malade et non la maladie.

Or, le mal a été et est encore attribué à ceci :

Que le capital prélève une part dans le produit.

Suivant nous, le mal n'est point à ce que le capital touche une part du produit, si le capital intervient d'une manière utile et s'il est indispensable à la production, mais bien à ce que le capital prélève une part au moyen de fonctions dans lesquelles il intervient sans nécessité ; le mal est donc tout entier dans le trop grand nombre de fonctions inutiles qui prélèvent annuellement, sur la production, l'effroyable somme de plusieurs milliards.

Ces fonctions inutiles sont : l'usure, l'agiotage, le prêt individuel sur hypothèque, la spéculation et l'accaparement.

Or, si elles sont inutiles, toutes les sommes qu'elles prélèvent aujourd'hui doivent retourner tout entières à la production et à la consommation.

Tout le mal social matériel provient des funestes effets résultant de l'action parasite de ces diverses fonctions.

En effet, l'usure, l'agiotage et le prêt individuel sur hypothèque sont la cause fatale de la ruine du producteur.

Peu à peu, lentement poussé par une force irrésistible, le producteur qui a emprunté à l'usure ou à l'hypothèque se voit arracher la possession de son instrument de travail, le signe et le gage de son indépendance et de sa dignité, et le voit passer entre les mains du prêteur qui, sans fatigues, sans travail, sans risques, récolte ce qu'il n'a point semé, et devient propriétaire pendant que le malheureux emprunteur succombe sous la douleur et le désespoir.

Mais l'usure, l'hypothèque et l'agiotage ne sont point les seuls fléaux des producteurs: ils sont encore en proie à un mal moins connu, il est vrai, dont les symptômes sont peut-être moins apparents, mais dont les ravages ne sont ni moins profonds ni moins terribles.

Nous voulons parler de la spéculation et de l'accaparement.

La spéculation et l'accaparement consistent à acheter les produits du producteur agricole et manufacturier, à profiter de ses besoins de capital pour le contraindre à accepter un prix d'autant plus bas que ses besoins sont plus pressants ; à garder, à emmagasiner ces produits, à attendre les besoins de la consommation, et finalement, à les vendre au consommateur à un prix d'autant plus élevé que ses besoins sont plus impérieux.

En un mot, ainsi qu'on l'a déjà dit tant de fois, la spéculation et l'accaparement consistent à vendre cher ce qu'on a acheté bon marché.

C'est aussi par un effet de spéculation et d'accaparement que tout dernièrement, au moment de la reprise des affaires, les besoins s'étant fait sentir, toutes les matières premières qui avaient été achetées à la production au plus vil prix, ont été revendues avec une hausse énorme par les spéculateurs et les accapareurs qui ont ainsi réalisé un prodigieux bénéfice.

C'est encore par un effet de la spéculation, que le vigneron pauvre ayant épuisé toutes ses ressources à acquitter l'impôt et à payer l'intérêt de l'usure ou de l'hypothèque, se trouvant dénué de tout au moment de la récolte, ayant un arriéré qu'il faut satisfaire à tout prix, éprouve par ce fait un suprême besoin d'argent; c'est alors que se présente le spéculateur qui, profitant de la malheureuse position du vigneron, lui achète sa récolte à vil prix; et cette récolte, si douloureusement sacrifiée par le vigneron, est vendue quelques mois après, par le spéculateur, à un prix beaucoup plus élevé que le prix d'achat.

Les sommes ainsi absorbées par la spéculation et l'accaparement sont si énormes, les résultats en sont si désastreux, il en découle tant de maux et de souffrances (ne fût-ce que la disette factice), que l'on pourrait hardiment avancer que la spéculation et l'accaparement sont encore plus nuisibles à la production que l'usure, l'agiotage et le prêt individuel sur hypothèque.

Et pourtant, quels que soient leurs effets désastreux, la société actuelle ne vit, la production ne crée, les produits ne circulent, que par l'usure, l'agiotage, le prêt individuel sur hypothèque, la spéculation et l'accaparement; sans eux, le producteur ne produirait pas, le consommateur ne consommerait pas, les produits ne circuleraient pas.

Toutes ces fonctions inutiles demain sont donc aujourd'hui un mal nécessaire et inévitable; car, quelque dures que soient les conditions du crédit, quelque onéreuse que soit la circulation, il vaut encore mieux les avoir que d'en être totalement dépourvu.

Donc toute mesure, toute menace, toute atteinte qui pourrait les entraver serait une mesure désastreuse qui ne ferait qu'augmenter le mal qui accable la production; c'est ce qui est arrivé sous l'ancienne révolution : on a limité le taux de l'intérêt, on a décrété le maximum afin, par ce moyen, de limiter les extorsions de l'usure et de l'accaparement ; le seul résultat qu'on obtint, fut une augmentation énorme de l'intérêt et des produits, au lieu d'une diminution qu'on attendait.

Donc, jusqu'à ce qu'on ait trouvé et appliqué un meilleur procédé, l'usure, l'agiotage et l'hypothèque doivent continuer d'opérer la distribution du crédit ; la spéculation et l'accaparement doivent opérer la circulation des produits jusqu'au moment où de meilleures institutions, donnant le crédit et opérant la circulation d'une manière moins onéreuse, viendront les remplacer par un simple fait de libre concurrence, et par conséquent les rendre inutiles.

Il est clair que si le producteur pouvait se procurer le capital dont il a besoin, sans passer par les mains de ces fonctions si coûteuses, il renoncerait sans coup férir à leur demander service.

Or, là se trouve justement la véritable solution du problème social.

Le producteur peut trouver le capital dont il a besoin, les produits peuvent circuler à des conditions moins onéreuses que celles qu'ils ont obtenues jusqu'à ce jour.

Et alors, n'ayant plus rien à demander à l'usure, à l'agiotage, au prêt individuel sur hypothèque, à la spéculation et à l'accaparement, il est clair que le producteur n'ayant plus besoin d'eux n'aura plus rien à leur payer.

De telle sorte que sans attenter à la propriété , sans jeter l'anathème contre l'*infâme capital*, sans menacer les capitalistes, sans frapper ni les usuriers, ni les accapareurs, sans faire de lois inutiles ou nuisibles qui limitent l'intérêt ou le gain des capitaux, sans attenter à la liberté individuelle, sans entraver la liberté des transactions, en respectant tous les droits légitimes, par un simple fait de concurrence, ainsi que nous allons le démontrer, les producteurs et les consommateurs parviendront à se passer de l'usure, de l'agiotage, du prêt individuel sur hypothèque, de la spéculation et de l'accaparement.

Et n'ayant plus recours à ces fonctions puisqu'ils pourront se pourvoir mieux ailleurs, producteurs et consommateurs n'auront plus rien à leur payer.

Or, les sommes payées jusqu'à ce jour à ces fonctions inutiles et parasites par la production et la consommation, afin de se procurer soit le capital, soit la circulation des produits, sont si immenses que l'on ose à peine entrevoir les conséquences prodigieuses qui résulteraient de l'inutilité de ces fonctions.

Toutes les sommes aujourd'hui prélevées par elles, retournant tout entières à la production et à la consommation, ce serait une révolution complète, car c'est par milliards que se comptent les prélèvements de l'usure, de l'agiotage, de l'hypothèque, de la spéculation et de l'accaparement.

Quel changement prodigieux s'établirait donc dans le sort des producteurs de toutes les classes, s'ils s'enrichissaient chaque année des quatre à cinq milliards qu'ils paient aujourd'hui à ces diverses fonctions !

Eh bien ! nous espérons pouvoir démontrer que cela est possible, que c'est facile même, et que par le fait de deux institutions nouvelles bien simples : la banque d'état et les agences commerciales, la production et la consommation s'enrichiront de tout ce qu'elles paient aujourd'hui à l'usure, à l'agiotage, à l'hypothèque, à la spéculation et à l'accaparement.

AVÉNEMENT DU CRÉDIT COLLECTIF.

L'Avénement du Crédit collectif date du jour de la fondation de la première Banque.

EXTENSION DE LA BANQUE DE FRANCE.

Tout homme qui promet de payer et qui fournit un gage suffisant et une garantie assurée que sa promesse sera acquittée, A DROIT AU CRÉDIT.

Ce crédit peut lui être donné par la banque de France.

La banque de France doit devenir banque d'état.

La banque d'état donnant le crédit à tout possesseur d'un gage solide, réel et authentique, amène pour résultat l'abolition de l'usure et de l'agiotage, et l'inutilité du prêt individuel sur hypothèque.

Il est une institution financière, florissante entre toutes, qui, seule au milieu des ruines de la France, a continué de prospérer malgré la débâcle du crédit survenue après la Révolution de Février, quand tout s'écroulait autour d'elle.

Cette institution, C'EST LA BANQUE DE FRANCE.

Ce mot: banque de France, n'est point motivé, car cette banque n'est pas la banque de la France; elle ne fonctionne pas dans l'intérêt de la France; elle est la banque de ses actionnaires; elle ne fonctionne que dans leur intérêt.

Voici comment a été fondée cette institution, destinée à jouer dans l'avenir, ainsi que nous espérons le démontrer, un rôle si important :

Il y a quarante ans environ, quelques banquiers et quelques capitalistes s'associèrent pour fonder une banque; ils versèrent comme mise de fonds une somme en numéraire métallique qui s'élève aujourd'hui, en y comprenant les succursales de province, au chiffre de cent millions en écus (1).

Moyennant ce versement, cette société de banquiers et de capitalistes fut autorisée à s'intituler du nom pompeux de banque de France, et à émettre, à jeter dans la circulation une somme de billets de banque qui s'élève aujourd'hui à cinq cent cinquante millions environ.

Cette faculté de jeter dans la circulation une somme de cinq cent cinquante millions en billets de banque, moyennant le versement préalable d'une somme de cent millions en numéraire métallique, a constitué pour les actionnaires de la banque de France une opération remarquablement lucrative.

En effet, la banque de France ne prêtant, c'est-à-dire n'escomptant les lettres de change, que moyennant un

---

(1) Nous n'avons pas besoin de dire que, par ce chiffre de 100 millions, nous n'entendons que la mise de fonds des actionnaires et non pas la totalité de l'encaisse actuelle, dont les trois quarts appartiennent au public qui les a versés en échange des billets de la banque de France.

intérêt d'environ quatre pour cent, perçoit ainsi annuellement, pour le montant total de l'intérêt de son émission, une somme énorme qui s'élève aujourd'hui, tous frais payés, à près de vingt millions de francs.

Or, comme les actionnaires de cette banque n'ont versé que cent millions en numéraire métallique, il en résulte qu'au lieu d'un revenu de cinq pour cent qu'ils eussent dû toucher s'ils avaient autrement placé leur argent, ils touchent chaque année, sans aucun risque, sans aucune chance de perte, ainsi que l'expérience de Février l'a prouvé, un revenu d'environ vingt pour cent, ce qui explique le haut prix auquel sont cotées les actions de la banque de France.

Il est évident que jamais opération n'eut un caractère plus tranché d'intérêt privé, et pourtant, c'est cette institution si manifestement établie dans l'intérêt seul de ses actionnaires, qui, sans que ses fondateurs s'en soient doutés, s'est chargée de prouver au monde l'inutilité de l'usure, de l'agiotage et du prêt individuel sur hypothèque.

Oui, la banque de France, ce joyau du privilége et du monopole, est destinée à affranchir la France du monopole et du privilége.

C'est ce que nous allons essayer de démontrer.

Les opérations de la banque de France consistent à escompter avec des billets de banque des lettres de change à trois signatures :

1° Signature du souscripteur de la lettre de change qui promet de payer une certaine somme à une échéance déterminée;

2° Signature de la personne à laquelle on a promis de payer ;

3° Signature d'une caution qui s'engage à payer dans le cas où celui qui a promis de payer n'acquitterait pas sa promesse, et où celui auquel on a promis de payer serait lui-même insolvable.

Pour que la banque de France escompte une lettre de change, il ne suffit pas qu'elle soit souscrite par trois signatures prises parmi les premières venues : il faut que ces signatures appartiennent à des hommes connus et notoirement solvables, afin que la banque soit assurée qu'elle sera remboursée de ses avances par l'un des trois signataires à défaut des deux autres.

Que ressort-il de ce fait? C'est que lorsqu'un homme promet de payer, et qu'il offre un gage ou une garantie suffisant à assurer que cette promesse sera acquittée, c'est-à-dire lorsque, dans le cas de la lettre de change, il trouve deux bonnes signatures comme caution de la promesse de payer,

Cet homme obtient le crédit à la banque de France.

Il suffit donc, pour que la banque de France donne le crédit à une promesse de payer, qu'elle acquière la certitude que son avance lui sera remboursée.

En conséquence, pourvu que la banque soit assurée d'être remboursée, pourvu qu'elle obtienne un gage, une garantie, elle peut donner le crédit.

Donc, plus la garantie offerte à la banque sera solide et réelle, plus elle devra donner facilement le crédit.

Or, de toutes les garanties qu'ait pu exiger la banque de France, elle a justement choisi la moins sûre et celle qui offrait le plus de chances de perte.

Car des signatures ne sont point un gage réel; leur valeur est une affaire d'appréciation, de confiance, et souvent de faveur; tel homme très-solvable pourra voir refuser sa signature à la banque; tel autre, au contraire, en pleine déconfiture, pourra jouir du plus grand crédit, et il est parfaitement permis de concevoir de certains cas où aucun des signataires d'une lettre de change ne pourrait faire honneur à sa signature et remplir ses engagements.

Il suffirait pour cela de certaines connivences, de l'erreur, de la négligence, ou de certains événements politiques comme en Février, par exemple, pour que la banque eût en portefeuille de nombreuses lettres de change impayées.

Et pourtant, malgré l'insuffisance évidente de ce gage, malgré son peu de solidité, la banque a pu lui ouvrir le crédit et elle a pu le faire sans perte appréciable, puisque la banque de France, qui eût dû être ruinée après la révolution de Février, se trouve finalement aujourd'hui avec un chiffre de deux millions de lettres de change impayées.

De telle sorte qu'elle se trouvera, en définitive, avoir perdu en 1848 deux millions sur ses escomptes, pendant que ses bénéfices ou intérêts se seront élevés à douze ou quinze millions; par conséquent, au lieu d'être ruinée, elle en a été quitte pour gagner deux millions de moins.

Que serait-ce donc si, au lieu de prêter sur signatures d'une valeur toujours hypothétique, la banque ne prêtait que sur dépôt d'un gage supérieur à la somme qu'elle émettrait, que moyennant une garantie réelle et absolument certaine !

N'est-il pas évident que dans ce cas elle n'eût pas même perdu ces deux millions ?

Ainsi, qu'un propriétaire agricole, possesseur d'un bien franc d'hypothèque, présente à la banque une promesse de payer à une échéance déterminée, et comme garantie de cette promesse, qu'il dépose à la banque ses titres de propriété, de telle sorte que si à l'échéance il n'acquittait pas sa promesse de payer, la banque, ayant pour gage entre les mains la propriété de l'emprunteur, se couvrirait de ses avances en faisant vendre ladite propriété, sans cesser, malgré cela, d'avoir recours contre l'avoir tout entier de l'emprunteur, dans le cas où, par impossible, la propriété donnée en gage serait insuffisante pour couvrir la banque de son avance.

Nous disons par impossible, parce que la banque n'accepterait jamais pour gage une propriété sans l'avoir fait expertiser, et ne ferait jamais d'avance que pour une somme inférieure à sa valeur.

N'est-il pas de toute évidence que dans ce cas la banque ne pourrait perdre ; qu'elle serait parfaitement garantie, et par conséquent qu'elle pourrait donner le crédit ?

La nature du gage importe donc peu, pourvu qu'il soit solide et qu'au moyen de ce gage la banque puisse toujours être à l'abri de toute perte.

Toute la question consiste alors dans la réalité et la solidité du gage.

Eh bien ! moyennant certaines précautions spéciales,

les produits de bonne qualité, classés et expertisés, d'un écoulement facile et d'une vente assurée, les actions ou titres industriels de bonnes entreprises, notoirement prospères, peuvent offrir à la banque un gage tout aussi solide que les lettres de change à trois signatures et les titres de propriété, et par conséquent se trouvent avoir tout aussi bien droit au crédit.

Et ce qui prouve que les titres de propriété(1), les produits et les actions industrielles sont un gage suffisant pour donner droit au crédit, c'est qu'ils l'obtiennent déjà aujourd'hui de l'individu.

C'est ainsi que tout possesseur d'un immeuble franc d'hypothèque trouve facilement à emprunter sur hypothèque; et la propriété constitue si bien un bon gage, que ce genre de placement est considéré, par les individus donnant le crédit au possesseur d'immeubles, comme le placement le plus sûr: aussi est-il le plus recherché.

C'est ainsi que tout possesseur de produits trouve dans l'organisation actuelle du commerce un crédit facile, au moyen de la consignation de ses produits ; en effet, il suffit qu'un possesseur de produits les remette en consignation à un commerçant, pour que ce dernier lui ouvre, sans coup férir, un crédit de la moitié et souvent des trois quarts de la valeur des produits.

---

(1) Il va sans dire que pour que la banque mette le crédit à la portée de l'immeuble, il faut au préalable, et avant tout, modifier profondément la loi hypothécaire, de manière à ce que et les gérants de la banque, et tous les intéressés puissent toujours connaître la situation hypothécaire d'un immeuble.

Cette nécessité d'une modification du système hypothécaire est si bien sentie, que la force des choses a obligé le gouvernement actuel à présenter quelques modifications ; il est tout à fait évident qu'une réforme radicale ne peut plus être reculée.

Les produits obtiennent donc facilement le crédit individuel.

Quant aux titres et aux actions industrielles, leur existence est trop récente, les grandes compagnies ont donné trop de mécomptes, pour que le crédit individuel ait pu être facilement accordé à ces valeurs jusqu'à ce jour; néanmoins, elles sont si bien un gage valable, qu'il vient de s'ouvrir une maison de banque fondée spécialement pour donner le crédit sur dépôt d'actions, et l'on peut affirmer même, sans se compromettre, que tout possesseur d'actions, de la banque de France, des bonnes lignes de chemins de fer ou de toute autre entreprise en pleine prospérité, trouvera facilement à emprunter sur la consignation de ces titres.

Or, si les immeubles, les produits, les actions industrielles ont pu obtenir le crédit individuel, à plus forte raison obtiendront-ils le crédit collectif, car on ne peut nier qu'un individu a encore plus intérêt qu'une banque à ne faire que des placements sûrs et solides; puisque s'il se trompe une fois, il est ruiné; tandis que si une banque se trompe de la même manière, elle en est quitte pour passer un article à profits et pertes, c'est-à-dire pour voir un peu restreindre ses bénéfices.

Donc, la banque de France, seule institution de crédit collectif actuellement existante en France, peut, sans se compromettre, imiter l'individu, et donner le crédit à l'immeuble, aux produits, aux titres industriels, en tant que gages supérieurs d'une promesse de payer.

Et elle le peut si bien, qu'elle l'a déjà fait.

Ainsi, elle a déjà escompté une promesse de payer de cent cinquante millions, faite par le gouvernement de France, lequel, pour gage et garantie de sa promesse de payer, a déposé à la banque des titres de propriété des forêts de l'Etat.

En quoi serait-il donc plus difficile à la banque de faire pour les particuliers pris individuellement, ce qu'elle a déjà fait pour tous les particuliers réunis, c'est-à-dire pour l'État ?

En ouvrant le crédit à la promesse de payer, gagée par l'immeuble, la banque de France ne ferait d'ailleurs qu'imiter ce qui se fait déjà en Allemagne et en Pologne, où le crédit le plus étendu a pu être accordé à l'immeuble d'après un mode qui, quoique imparfait, n'en a pas moins rendu de grands services à l'agriculture.

C'est encore ainsi que la banque de France, par l'entremise des comptoirs et entrepôts nationaux, a pu ouvrir le crédit aux possesseurs de produits, les produits consignés à l'entrepôt servant de gage.

Ce serait encore en suivant le même principe, que la banque aurait pu ouvrir un crédit de quinze à vingt millions aux possesseurs de farines, à Paris, sur le dépôt de ces farines.

Ce qui prouve bien clairement que toutes les fois qu'un produit a une valeur réelle, il devient un gage suffisant et il obtient le crédit.

Donc, les immeubles, les produits et les titres industriels sont de bons gages.

Donc, la banque de France pourrait, sans risque, sans courir aucune chance de perte, escompter les promesses de payer gagées par une valeur supérieure en immeubles, en produits ou en titres industriels.

Donc, la banque de France, pour ouvrir le crédit à tous les gages solides et certains de France, n'aurait qu'à étendre ses opérations à toute la France et à augmenter le nombre de ses comptoirs en proportion des besoins.

Et, dit-on, il s'en est fallu de peu, il y a trois ans, qu'elle ne prît l'initiative et opérât son extension.

On prétend qu'au moment même de la chute de Louis-Philippe, la banque était sur le point d'obtenir la présentation d'une loi qui l'aurait autorisée à prêter sur dépôt de gages immobiliers.

Pourquoi donc ce qui aurait été bon il y a trois ans ne le serait-il plus aujourd'hui? On ne pourrait en donner aucune raison valable.

Aussi n'est-ce pas pour des raisons avouables que la banque de France s'oppose aujourd'hui à sa propre extension.

Son refus n'a pas d'autre cause que des intérêts cachés, menacés par l'extension de la banque de France.

De telle sorte que quelques intérêts privés suffisent pour empêcher le pays de profiter de tous les avantages que pourrait lui offrir l'extension de la banque de France, donnant le crédit à 4 % et au-dessous à tout possesseur d'un gage solide, réel et assuré.

Ce sont donc des intérêts privés qui forcent les agriculteurs et les manufacturiers, tous les producteurs, en un mot, à payer à l'usure, à l'hypothèque, des intérêts énormes qui absorbent tout le fruit de leurs travaux, tandis que par l'extension de la banque de France ils obtiendraient le crédit à 4 %., sinon à des conditions plus favorables encore.

Et pour se convaincre qu'il n'y a pas une raison avouable d'empêcher l'extension de la banque de France, il n'y a qu'à examiner les objections qu'on élève contre cette extension.

On prétend qu'en cas d'une très-vaste circulation, la banque ne pourrait pas être constamment en mesure d'opérer l'échange à vue de ses billets contre du numéraire métallique.

On prétend qu'en mettant en circulation une plus grande masse de billets de banque, le numéraire ne serait plus en rapport avec les besoins; de là, dépréciation, et le retour des désastres de la banque de Law et des assignats.

Comme on le voit, nous ne dissimulons pas la difficulté ni la gravité des objections.

Heureusement (nous le croyons du moins), cette gravité n'est qu'apparente, et il nous sera facile de prouver que ces objections ne sont point sérieuses.

En effet, examinons la première objection : l'impossibilité où se trouverait une banque d'échanger à vue ses billets contre du numéraire.

On a cru pendant longtemps, et on a eu le plus grand soin d'entretenir soigneusement ce préjugé, on a cru que la condition *sine quâ non* de l'existence de toute banque était l'échange à vue des billets de la banque contre le numéraire métallique.

Or, si cela eût été vrai, il n'y aurait pas eu de banque possible, quel qu'ait pu être le champ large ou restreint de ses opérations.

Car une banque n'ayant de raison d'être qu'à la condition de pouvoir opérer une émission de billets plus considérable que son encaisse métallique, il est bien évident que si tous les porteurs de billets de banque venaient réclamer l'échange à vue, selon leur droit, cet échange serait matériellement impossible.

Le simple bon sens indique donc, dès l'abord, que si l'échange à vue est la condition suprême de l'existence d'une banque, il faut que la banque ait toujours en cave une réserve métallique égale à son chiffre d'émission, nécessité qui rendrait toute banque impossible ou au moins inutile.

Heureusement, la banque de France s'est chargée elle-même de réfuter l'objection ; elle s'est chargée de démontrer que la condition *sine quâ non* de l'existence d'une banque n'était point l'échange à vue des billets de banque contre le numéraire.

Lors de la révolution de Février, une panique générale s'emparant de tous les esprits, tous les porteurs de billets de banque, voulant profiter de leur droit d'échange à vue, se présentèrent à la banque pour toucher du numéraire métallique; la banque, ainsi qu'il est facile de le concevoir, n'avait pas en cave, du numéraire en quantité suffisante : elle ne put donc faire face à ses engagements; elle refusa purement et simplement de donner du numéraire métallique, et elle obtint une loi qui décrétait le cours forcé de ses billets.

Eh bien ! chose naturelle mais bien inattendue, ce cours forcé, cette impossibilité d'échange à vue qui eussent dû, suivant le dire des adversaires de l'extension de la banque de France, amener la dépréciation, le désordre, l'émeute et une nouvelle représentation des désastres des assignats et de la banque de Law, produisirent un résultat diamétralement opposé; aussitôt qu'il n'y eut plus d'incertitude, la panique cessa subitement et, le sang-froid revenu, les billets de la banque furent recherchés avec prime, et loin de leur préférer le numéraire, il fallut tout dernièrement forcer les gens à prendre des écus.

L'expérience a donc confirmé le fait.

Donc, l'échange à vue n'est point une condition fatale de l'existence des banques.

Donc les billets de banque puisent dans une autre cause que dans l'échange à vue, la confiance qui leur est nécessaire pour demeurer dans la circulation.

En effet, ce qui fait la bonté d'un billet de banque, c'est d'être le signe représentatif d'un gage supérieur à sa valeur nominale. C'est encore que tout porteur d'un billet de banque sache que la banque possède entre ses

ains une garantie certaine, qui lui assure le rembour-
ment de ses avances; et enfin C'EST QUE TOUT POR-
EUR DE BILLET DE BANQUE PUISSE, NON PAS ÉCHANGER
N BILLET CONTRE DES ÉCUS, MAIS BIEN CONTRE LES
UJETS OU LES VALEURS DONT IL PEUT AVOIR BESOIN.

Or, la banque de France escomptant les promes-
s de payer, basées sur un gage supérieur en im-
cubles, en produits, en titres industriels, il est clair
e tout porteur d'un billet de banque sachant ce billet
rfaitement garanti, sachant que le billet qu'il pos-
de est le signe représentatif d'une valeur supé-
eure à son chiffre, ce porteur se trouvera en pleine
curité.

Or, la confiance générale ainsi acquise au billet de
nque lui assure la seconde condition nécessaire
ur qu'il puisse être accepté sans dépréciation comme
méraire, c'est-à-dire l'échange à vue non contre des
us seulement, mais bien contre toute valeur,
uisque, par suite de l'extension de la banque de
rance, tout possesseur de valeurs en France se trou-
era en contact avec la banque et acceptera ses billets
n paiement.

On dira, il est vrai, qu'il ne suffit pas qu'un billet de
anque réunisse toutes ces conditions du numéraire,
our pouvoir être accepté par tout le monde; on dira
u'il existe encore des préventions ; que l'ignorance,
op générale, s'oppose à la libre circulation des billets
e banque.

Ces fins de non-recevoir ont fait leur temps, le pré-
gé est vaincu et la banque de France elle-même s'est
argée de porter la conviction et la confiance dans les
sprits les plus incrédules: elle a si triomphalement
raversé la crise révolutionnaire, elle a, à elle seule,
bien sauvé le crédit et la France financière; elle a
endu de si grands services, ne fût-ce que par cela seul

qu'elle demeurait debout quand tout s'écroulait autour d'elle; on savait si bien que ses billets étaient parfaitement garantis et cette certitude inspirait une confiance si grande, que les billets de la banque ont été acceptés par tout le monde et partout à la fois, en échange contre toute espèce de valeurs; c'est ainsi que la confiance la plus absolue, mais la plus méritée, s'est attachée à la banque de France.

Si bien que l'idée de l'extension absolue de la banque de France, que l'idée d'une banque générale donnant le crédit à toute promesse de payer basée sur un gage supérieur, est devenue populaire, et elle est si évidemment désirée par les populations, même les moins éclairées, que peut-être, si l'on n'y prend garde, le mot crédit par la banque deviendra le mot d'ordre d'une nouvelle révolution.

Quant à la seconde objection : la crainte d'une dépréciation par suite d'une trop grande émission, elle n'est pas plus fondée.

EN EFFET, POURVU QU'UN BILLET DE BANQUE SOIT BIEN RÉELLEMENT LE SIGNE REPRÉSENTATIF D'UNE VALEUR RÉELLE SUPÉRIEURE ;

POURVU QUE CE BILLET SOIT ÉCHANGEABLE A VOLONTÉ CONTRE TOUT OBJET OU TOUTE VALEUR ;

POURVU QU'IL N'Y AIT PAS EN CIRCULATION UNE QUANTITÉ PLUS GRANDE QUE LES BESOINS,

Il est impossible qu'il y ait dépréciation : or nous avons démontré que les billets de la banque de France offrent les deux premières conditions.

. Quant à la troisième, c'est-à-dire l'équilibre entre la quantité de papier émis et les besoins de la circulation, il y a un moyen bien simple de l'obtenir.

Il ne s'agit que d'obliger la banque de France à retirer de la circulation, à recevoir en dépôt tout billet de banque qui lui serait présenté, et à payer à celui qui en serait porteur, c'est-à-dire à lui rembourser le même intérêt qu'elle aurait perçu lors de son émission, sauf une commission.

Par ce simple fait, bien simple, on le voit, il est impossible qu'il reste dans la circulation un seul billet inutile.

Car, par ce moyen, tout porteur d'un billet de banque sans emploi, plutôt que d'en subir la dépréciation, le rapporterait à la banque qui lui en rembourserait l'intérêt.

Encore une fois, la banque de France peut donc étendre ses opérations, et la France doit repousser les mensonges calculés de ceux qui disent que procéder à son extension, qu'augmenter ses émissions, c'est faire du papier-monnaie, c'est renouveler les assignats :

Comme s'il pouvait y avoir le moindre rapport entre des billets de banque, signes représentatifs d'une valeur réelle et supérieure, échangeables à vue contre toute valeur, incapables de subir la dépréciation, puisque, en cas de dépréciation, la banque les retirerait en remboursant l'intérêt, et un papier-monnaie ou des assignats, émis arbitrairement par les gouvernements, sans mesure ni proportion avec les besoins, ne représentant aucune valeur réelle, et n'ayant d'autre gage que la bonne foi des gouvernants et la solidité des gouvernements, gages évidemment trop insuffisants.

Ainsi que nous l'avons avancé plus haut, toutes les objections élevées contre l'extension de la banque de France ne sont donc pas sérieuses.

La vraie cause qui s'oppose à cette extension, c'est l'intérêt particulier.

Car, si la banque se mettait à escompter toutes

les promesses de payer garanties par un gage réel, elle amènerait par ce fait l'abolition de l'usure, de l'agiotage et du prêt individuel sur hypothèque; il est très-évident que tous les possesseurs de gage, trouvant le crédit à très-bas prix à la banque de France, ORGANE DU CRÉDIT COLLECTIF, ne s'adresseraient plus à l'usurier ni au prêteur sur hypothèque, C'EST-A-DIRE AU CRÉDIT INDIVIDUEL, dont les services sont bien plus onéreux.

Il en résulterait que tous ceux qui bénéficient aujourd'hui au moyen du crédit individuel perdraient ces bénéfices: on conçoit donc qu'ils soient hostiles à l'extension de la banque de France, et qu'ils emploient toute leur influence pour l'empêcher.

D'un autre côté, si la banque de France, au lieu de ne faire l'escompte que de la lettre de change à trois signatures, dont la troisième est presque toujours celle d'un banquier, escomptait aussi les promesses de payer à une seule signature, les deux autres étant remplacées par le gage réel, il se trouverait que la troisième signature, celle du banquier, deviendrait inutile dans la plupart des cas.

Or, comme les banquiers obtiennent le crédit à la banque à 3 ou 4 p. 0/0, tandis qu'ils le font payer 5 ou 6, comme paiement de leur signature de complaisance, et qu'en outre ils perçoivent une commission ou agio, l'inutilité d'une troisième signature constituerait pour eux un notable déficit. Aussi, ont-ils le plus grand intérêt à s'opposer à l'extension de la banque de France, et leur opposition est toute-puissante, car le plus grand nombre des banquiers se trouvent fondateurs ou actionnaires de la banque de France.

Si donc les possesseurs d'immeubles, de produits et de titres industriels sont encore victimes des extorsions de l'agiotage, du prêt individuel sur hypothèque, de la spéculation et de l'accaparement, c'est à l'obstacle élevé par l'intérêt particulier qu'ils le doivent.

Profitant de l'ignorance générale des questions financières, ignorance très-précieusement entretenue et alimentée par des difficultés spécieuses, les intérêts privés ont pu, jusqu'à ce jour, détourner la question ; mais aujourd'hui tous les voiles sont levés, l'ignorance est vaincue, les discussions soulevées depuis la Révolution de février ont répandu la lumière sur ces questions jadis si obscures, mais si claires aujourd'hui, si simples, que c'est par millions que l'on compte ceux qui, dès ce moment, savent que le salut du présent et de l'avenir se trouve dans la substitution DU CRÉDIT COLLECTIF AU CRÉDIT INDIVIDUEL.

L'heure est venue de l'extension de la banque de France.

LA BANQUE DE FRANCE DOIT DEVENIR BANQUE D'ÉTAT,

La banque de France, pouvant donner le crédit à tout possesseur d'un gage réel, serait appelée à intervenir dans toutes les transactions, dans tous les échanges.

Si la banque intervenait dans toutes les transactions et échanges, elle pourrait arriver, par les escomptes et commissions, à toucher des bénéfices qui donneraient annuellement à ses actionnaires des revenus réguliers de 200 p. 0/0 et plus.

Ces immenses revenus devant constituer en faveur de quelques personnes un effroyable monopole, la banque de France, pour éviter le privilége, doit devenir la banque de l'état, de la société, de la collectivité des citoyens de France; chacun, dans ce cas, deviendrait actionnaire de la banque d'état, en proportion de son avoir ou de son travail.

L'heure de l'extension de la banque de France est venue, c'est-à-dire que le crédit collectif doit remplacer le crédit individuel.

Admettons donc que l'administration de la banque de France, reprenant le projet qui lui a été attribué, obtienne du pouvoir une loi qui l'autorise:

A escompter les promesses de payer à une seule signature, garanties et gagées par dépôt d'une valeur supérieure en immeubles, en produits, en titres industriels, ce gage tenant lieu des deux signatures qui, aujourd'hui, servent de caution dans les lettres de change à trois signatures;

A établir des comptoirs et des sous-comptoirs, en aussi grand nombre qu'il serait nécessaire pour assurer le service général de la France,

Et enfin, à augmenter l'émission de ses billets de manière à suffire à tous les besoins ET SEULEMENT AUX BESOINS :

A l'instant, la banque de France donnant le crédit à l'immeuble, aux produits et aux titres industriels, se trouverait pouvoir augmenter ses opérations dans une immense proportion, augmentation d'autant plus certaine et considérable, que la banque de France ouvrirait le crédit aux emprunteurs à de plus favorables conditions qu'ils ne peuvent l'obtenir aujourd'hui.

Et de même que les billets de la banque de France ont déjà remplacé le numéraire métallique dans l'escompte des lettres de change, ils pourraient le remplacer sans plus d'inconvénients dans l'escompte de promesses de payer basées sur un gage d'immeuble, de produit ou de titre industriel.

Par conséquent, le chiffre de l'émission de la banque de France pourrait devenir infiniment plus considérable que l'émission actuelle qui est de cinq cent cinquante millions; car, non-seulement aujourd'hui la banque ne prête que sur dépôt de lettres de change à trois signatures, mais encore le nombre de ses comptoirs est très-restreint.

Par conséquent, si la banque escomptait les promesses de payer basées sur un gage, si elle étendait ses opérations à toute la France, et enfin si elle mettait en circulation des billets d'une très-faible valeur, il n'est pas permis de douter que cette émission s'élèverait à un chiffre très-considérable, CHIFFRE QUI N'AURAIT D'AUTRE LIMITE QUE LES BESOINS DE LA CIRCULATION.

Il est vrai qu'en fait de réforme, si l'on se contentait d'opérer purement et simplement l'extension de la banque de France, cela ne suffirait pas pour amener une vaste extension des besoins de la circulation. Toutes choses demeurant égales d'ailleurs, il y aurait certainement une émission plus considérable que l'émission actuelle, mais qui serait loin d'atteindre le chiffre auquel elle s'élèverait, si l'on opérait parallèlement la réalisation des agences commerciales destinées à amener l'abolition de l'accaparement et l'inutilité de la spéculation; réforme qui, ainsi que nous le démontrerons plus loin, serait de nature à élever le chiffre de la production, des échanges et des transactions, à une importance hors de toute comparaison avec ce qui existe aujourd'hui.

Toujours est-il, lors même que l'on n'opèrerait aucune autre réforme que l'extension de la banque de France, que cette banque serait appelée, sans aucun doute, à élever son émission à deux ou trois milliards au moins, si à la fois elle était autorisée à prêter sur promesse de payer, basée sur le gage d'immeuble, de produit ou de titre industriel, et si elle émettait des coupons d'une faible valeur.

Or, la banque prélevant sur tous les escomptes un intérêt annuel de quatre pour cent en moyenne,

Il en résulterait que si elle était appelée à augmenter son émission, un milliard en billets émis lui rapporterait annuellement................ 40 millions.

    2 milliards.................... 80 id.

    5   id   .... 200 id.

De telle sorte qu'en admettant (chose dont nous allons démontrer l'inutilité) que la banque fût obligée, pour opérer son extension, d'avoir en cave comme aujourd'hui une réserve métallique égale au cinquième de son émission totale, il se produirait ce fait qu'une émission d'un milliard exigerait une encaisse métallique de............................. 200 millions.

2 milliards................... 400 millions

5 id. ....».... 1,000 id.

Encaisse métallique qui, si elle était employée autrement, ne rapporterait à ses propriétaires qu'un revenu de 5 %, mais qui, au moyen de la banque de France, se trouverait par le fait rapporter, sans aucun risque, sans chances de perte, aux actionnaires de la banque de France, un revenu de 20 %.

Il est clair qu'un revenu de 20 % assuré, régulier, n'étant soumis à aucune éventualité, constituerait un bénéfice usuraire au premier chef, une véritable injustice et un scandale, en le comparant aux bénéfices si médiocres et si péniblement arrachés par la production, puisque l'agriculteur arrose le sol de ses sueurs, court toutes les chances atmosphériques ou autres pour obtenir, à grand'peine, un maigre revenu net de 2 à 3 %; puisque le manufacturier engloutit son avoir dans des constructions d'ateliers ou de machines, use sa vie, risque sa fortune, pour succomber le plus souvent sous la faillite et la ruine; puisque les capitalistes eux-mêmes se considèrent comme trop heureux de placer leur argent à 5 pour cent; puisque, enfin, les producteurs succombent sous le poids des impôts, pendant que les actionnaires de la banque de France échappent à toute contribution.

Il est donc évident que les actionnaires de la banque de France, acquérant ainsi un revenu usuraire de

20 °/., jouiraient d'un privilége trop scandaleux pour être maintenu.

D'autant plus scandaleux, que ce bénéfice lui-même pourrait s'élever à 40, 50, 100, 200 °/., c'est-à-dire qu'au moyen de l'extension de la banque de France, les actionnaires actuels de cette banque pourraient voir doubler leur capital chaque année.

En effet, pourquoi les actionnaires de la banque de France touchent-ils chaque année un dividende ou revenu de 20 °/. environ ?

Parce qu'ils ont versé une encaisse métallique, parce qu'ils ont fait une première mise de fonds de 100 millions, qui leur a servi à émettre 550 millions de billets de banque.

Cela suppose que cette mise de fonds est indispensable: eh bien! il n'en est rien; la banque de France, au lieu d'avoir une encaisse métallique du cinquième de l'émission, n'en aurait une que du dixième, que du vingtième, elle n'en aurait point, que ses billets ne seraient pas moins bons, ne jouiraient pas moins de la confiance publique.

Or, si l'importance de l'encaisse métallique n'exerce aucune influence sur les opérations de la banque, il en résulte que la banque actuelle, avec sa mise primitive de 100 millions, pourrait faire face à tous les besoins même après son extension, et qu'elle pourrait émettre sans inconvénient un, deux, cinq milliards et plus,

Tout en conservant la même encaisse de 100 millions, ce qui constituerait bien pour les actionnaires un revenu de

    40 pour cent en cas d'émission de 1 milliard,
    80 pour cent pour 2 milliards,
    200 pour cent pour 5   id.

ce qui est un beau denier.

Donc, de deux choses l'une : ou une encaisse d'un cinquième de l'émission serait indispensable, et alors pour procéder à l'extension de la banque de France, il faudrait faire appel à de nouveaux actionnaires qui, de même que les actionnaires fondateurs de la banque, toucheraient un revenu usuraire de 20 % ;

Ou bien, au contraire, la proportion de cette encaisse pourrait diminuer, et, dans ce cas, ce revenu usuraire deviendrait monstrueux, et selon le chiffre de l'émission par rapport à l'encaisse, pourrait s'élever annuellement à 20, 30, 60, 100 % et plus du capital primitif.

Or, non seulement une encaisse métallique n'a pas besoin de s'élever au cinquième de l'émission, mais l'encaisse elle-même est radicalement inutile.

Et comme toujours, c'est la banque de France qui se charge de nous fournir des preuves.

Car au début elle ne fut autorisée à émettre que trois fois le montant de son encaisse métallique.

Plus tard elle fut autorisée à émettre quatre fois cette valeur.

Et enfin aujourd'hui, elle vient d'être autorisée à émettre cinq fois et demie le montant de son encaisse primitive.

Et il est connu de tous que cette vaste diminution de l'encaisse proportionnellement à l'émission n'a changé en aucune façon la situation de la banque, dont les billets ont conservé la même faveur et ont continué d'être généralement acceptés sans aucune dépréciation.

Et comme il est facile de le prévoir, le passé servant d'antécédent, la banque ne tardera pas à obtenir une nouvelle autorisation d'élargir ses émissions et de porter le chiffre de ses billets à huit fois, dix fois et plus, le montant de son encaisse métallique primitive de 100 millions.

Donc, la proportion du numéraire par rapport au chiffre de l'émission des billets de banque importe peu, puisqu'on a pu , sans aucun inconvénient , doubler cette émission sans augmenter la somme de numéraire métallique.

Et nous allons plus loin : nous affirmons que l'encaisse métallique est une chose absolument inutile ; qu'il n'y aurait aucune encaisse, que les billets de la banque n'en seraient pas moins garantis et n'en jouiraient pas moins de la confiance publique, et que l'encaisse dans une banque n'a pas d'autre but que de servir de prétexte aux actionnaires pour obtenir une apparence de droit de prélever un revenu annuel de 20 pour cent.

Car on conçoit que si ce prétexte n'existait pas, s'il n'y avait pas besoin d'encaisse, il n'y aurait pas besoin d'actionnaires et par conséquent il n'y aurait pas de prétexte pour eux à toucher 20 pour cent.

En effet, sous quel prétexte la banque de France a-t-elle une encaisse?

1° Sous le prétexte d'opérer l'échange à vue du billet de banque contre le numéraire métallique, condition fatale sans laquelle aucune banque ne pourrait exister, ainsi qu'on l'avançait hardiment naguère encore.

2° Sous le prétexte de servir de garantie des pertes que la banque pourrait faire dans ses opérations.

Or, nous avons fait voir que non-seulement l'échange à vue des billets contre le numéraire était une chose inutile, mais encore qu'il était matériellement impossible puisqu'une banque ne devient une chose utile qu'à la condition d'opérer une émission de billets plus considérable que son encaisse.

Reste donc le prétexte de la garantie contre les pertes que la banque pourrait subir.

Eh bien, il est impossible que la banque puisse perdre, si elle n'escompte que des promesses de payer garanties et couvertes par un gage réel d'une valeur supérieure, gage qui ne serait admis par la banque qu'après la plus sévère expertise; et ce qui le prouve, c'est que la banque actuelle, depuis quarante ans environ qu'elle est fondée, a traversé deux révolutions, 1830 et 1848, dont la dernière surtout a bouleversé de fond en comble la France financière, et pourtant la banque, qui n'escomptait que des lettres de change à trois signatures, c'est-à-dire qui n'était garantie par aucun gage réel, n'a pas perdu cinq millions en tout depuis son origine, tandis qu'elle a gagné peut être cinq cent millions.

Et en admettant ce chiffre, que nous ne croyons pas être au-dessous de la vérité, il en résulterait que déduisant cinq millions de perte des cinq cent millions de bénéfice, il serait resté encore aux actionnaires de la banque quatre cent quatre-vingt-quinze millions de bénéfice.

C'est-à-dire cinq fois le montant de leur mise de fonds.

De telle sorte que la banque aurait pu, depuis quarante ans, perdre cinq fois la valeur de son capital tout entier sans que son capital primitif eût été entamé.

Donc la banque ne peut pas perdre, surtout si elle remplace le gage hypothétique en signatures par le gage réel.

Donc une encaisse destinée à couvrir des chances de perte qui n'existent pas n'est bien, ainsi que nous l'avons dit, qu'un leurre et un prétexte.

Donc une encaisse étant inutile, la banque de France actuelle, avec son encaisse de cent millions en écus, pourrait, sans augmenter cette encaisse, s'étendre en toutes proportions.

Et alors il en résulterait ce fait exorbitant, que les actionnaires de la banque toucheraient annuellement sans nécessité, sans motif, sans courir aucune chance de perte, des revenus de 40, 80, 100, 200 %, revenus si usuraires que la nation s'arracherait tout entière de ses fondements pour mettre un terme à un pareil scandale.

Et ce que nous disons là, les possesseurs de la banque de France le savent bien.

Ils savent bien qu'ils pourraient sans inconvénient opérer l'extension de la banque de France.

Ils savent que cette extension leur procurerait ces immenses bénéfices.

Mais c'est justement parce que ces bénéfices sont trop grands, qu'ils n'osent opérer cette extension et qu'ils privent ainsi la France de tous les bienfaits d'une banque générale.

Heureusement, l'issue d'une pareille situation est toute trouvée.

Puisque la banque de France peut donner le crédit à toute promesse de payer garantie par un gage réel supérieur;

Puisque l'extension de la banque de France peut être opérée sans que cette dernière soit obligée d'augmenter son encaisse métallique;

Puisque, moyennant cette extension, les actionnaires de la banque seraient appelés à toucher annuellement des revenus de 40, 100, 200 pour cent;

Puisque ces monstrueux bénéfices, prélevés sur la nation entière, constitueraient en faveur de quelques particuliers un effroyable et odieux privilége :

Il est évident qu'en fait, la banque de France ne peut ni ne doit appartenir à quelques particuliers.

La banque de France ne peut et ne doit appartenir qu'à tous les particuliers, sinon elle ne serait qu'un scandaleux monopole.

Appartenant à tous, tous au moins profiteraient de ses bénéfices.

LA BANQUE DE FRANCE DOIT DONC DEVENIR BANQUE D'ÉTAT.

Et quand nous disons banque d'état, nous ne disons pas banque du gouvernement; nous savons trop bien ce qui résulterait si le gouvernement tenait la banque entre ses mains. Les gouvernements sont plus ou moins dissipateurs; ils tendent tous plus ou moins au gaspillage et à l'arbitraire. S'ils pouvaient disposer d'un mécanisme aussi puissant, ils ne résisteraient pas à la tentation : ils emprunteraient par force à la banque, ils créeraient des billets de banque sans garanties, et ils ne tarderaient pas à renouveler les orgies des assignats, c'est-à-dire que chaque billet de la banque ne serait plus le signe représentatif d'une valeur réelle supérieure; ils ne seraient plus que des chiffons sans valeur, puisqu'ils n'auraient pour gage que les promesses de payer des gouvernements dont l'instabilité rend illusoire cette espèce de garantie.

Mais la banque d'état ne doit point être entre les mains des gouvernements; elle doit être remise à la nation tout entière; la nation seule, directement intéressée, saurait conserver intacte et défendre s'il le fallait une institution aussi précieuse.

L'administration de la banque d'état doit être uniquement confiée aux délégués du peuple et non à d'autres.

Le gouvernement doit en être formellement exclu.

Examinons maintenant si la transformation de la banque de France en banque d'état réaliserait bien tout ce que nous avons dit qu'on devait en attendre.

Supposons que la banque d'état soit en pleine fonction, et qu'elle ait ouvert le crédit à toute promesse de payer garantie par un gage réel de valeur supérieure.

Il est évident que la banque d'état, organe du crédit

collectif, donnant le crédit à des conditions plus avantageuses que celles offertes par le crédit individuel, tous les possesseurs de gage réel, soit en immeubles, soit en produits, soit en titres industriels, si durement exploités aujourd'hui, viendraient demander le crédit à la banque d'état.

Or, comme toutes ces valeurs, tous ces gages, s'élèvent peut-être à cent milliards, il en pourrait résulter que la banque fût mise dans le cas d'escompter pour quarante à cinquante milliards de promesses de payer basées sur un gage réel.

S'il en était ainsi, il n'est pas douteux que cette masse énorme de billets de banque surchargerait la circulation. Dépassant les besoins réels, il en résulterait immédiatement une dépréciation sans limites qui, reproduisant la dépréciation des assignats, amènerait rapidement la chute de la banque.

En effet, nous avons dit que pour qu'un billet de banque conservât toute sa valeur et pour qu'il ne fût pas susceptible de dépréciation, il fallait :

1° Qu'il fût le signe représentatif d'un gage réel et authentique d'une valeur supérieure.

2° Que tout billet de banque fût échangeable à vue et à volonté contre toute espèce de valeur ou de produits.

Par conséquent, si la banque d'état était appelée à émettre une somme de quarante à cinquante milliards, il faudrait donc qu'il y eût constamment une masse de valeurs et de produits de quarante à cinquante milliards, prêts à être échangés sans cesse et sans relâche contre la même somme de billets de banque.

Il est clair que c'est une chose impossible, et que tous les produits et toutes les valeurs actuelles fussent-ils perpétuellement en vente, ce mouvement d'échange, quelque exagéré, ne pourrait jamais exiger une émission de plus de huit à dix milliards de billets de banque.

Par conséquent, l'émission de la banque étant de quarante à cinquante milliards, les échanges à opérer n'employant au maximum que huit ou dix milliards de billets de banque, le reste de l'émission surchargerait donc la circulation, et finalement le billet de banque subirait une dépréciation qui ramènerait les quarante à cinquante milliards à ne valoir tout juste que le montant de l'émission nécessaire aux besoins de la circulation, c'est-à-dire huit ou dix milliards.

Ce serait par le fait une perte de plus de trente milliards qu'auraient à subir ceux qui voudraient demander le crédit à la banque d'état. Or, une perte, une dépréciation, tant minime fût-elle, serait la négation de la banque d'état. ·

Il serait donc de toute nécessité qu'il ne restât en circulation que le chiffre de billets de banque strictement indispensable. A ce prix seul, il serait possible d'éviter la dépréciation.

Ainsi que nous l'avons vu précédemment, il serait très-facile d'opérer cet équilibre entre l'émission des billets et les besoins. Pour cela faire, avons-nous dit, il suffirait que la banque d'état acceptât en dépôt, en compte courant, réciproque et libre, tous les billets qu'elle aurait émis et qui lui seraient présentés ; qu'elle leur payât ou leur remboursât l'intérêt qu'elle aurait perçu lors de l'émission, sauf une commission. C'est-à-dire que, — si elle avait escompté à quatre pour cent d'intérêt, — elle acceptât le dépôt en payant au dépositaire un intérêt de trois pour cent, et par ce fait, tout porteur d'un billet de banque qui ne pourrait en avoir l'emploi sans dépréciation aurait intérêt à rapporter ce billet à la banque d'état, qui lui rembourserait l'intérêt sauf une commission.

63

D'où il résulterait qu'il ne resterait en circulation que le chiffre strictement nécessaire.

Ceci admis, examinons les résultats :

Ce qui frappe en premier lieu, c'est l'importance des bénéfices de la banque d'état.

1° Ces bénéfices proviendraient du montant des billets de la banque demeurant dans la circulation, et sur lesquels la banque prélèverait un intérêt annuel; de telle sorte que si la banque d'état prélevait un intérêt de quatre pour cent, l'émission de chaque milliard lui rapporterait quarante millions.

2° De la commission que la banque prélèverait sur le dépôt des billets de banque inutiles dans la circulation, commission qui pourrait s'élever à un pour cent.

Il est clair que dans l'état actuel des choses, ces deux sources de bénéfices, quoique très-importantes, seraient loin d'atteindre le chiffre auquel elles arriveraient plus tard.

Ainsi, c'est à peine s'il est possible de concevoir aujourd'hui une circulation de billets de deux à trois milliards, circulation sur laquelle la banque d'état pourrait peut-être prélever quatre pour cent.

D'un autre côté, le chiffre des transactions sur lesquelles la banque aurait à prélever une commission de un pour cent s'élèverait difficilement à plus de dix milliards par an.

Toutefois, en admettant que les chiffres que nous venons de donner soient le maximum auquel la banque puisse jamais parvenir, toujours est-il que les recettes de la banque s'élèveraient à plusieurs centaines de millions.

Mais nous ne croyons pas être au-dessous de la vérité en avançant que la banque d'état serait appelée dans l'avenir à donner des résultats bien plus considérables.

En effet, que l'on suppose que d'autres réformes réalisées en même temps que la banque d'état soient de nature à opérer le retour à la production de tous les capitaux et de tous les fonctionnaires inutiles ;

Que l'on suppose, et nous démontrerons plus loin que cette supposition peut devenir facilement une réalité, que la production et la consommation acquièrent par le fait de ce retour des proportions gigantesques, hors de toute comparaison avec l'état actuel des choses ;

Que l'on suppose que la banque d'état, couvrant toute la France d'un réseau de comptoirs et de succursales, intervienne dans toutes les transactions.

Que l'on suppose, enfin, que la banque mette en circulation des coupons très-faibles, ce qui ferait pénétrer les billets de la banque jusque dans les mains les plus pauvres,

Et l'on concevra sans peine que la banque d'état pourrait être appelée à émettre cinq milliards et plus, destinés à demeurer dans la circulation ; qu'elle pourrait prélever une commission annuelle de un pour cent sur plus de vingt milliards de transactions, et par conséquent, serait peut-être appelée à opérer annuellement un bénéfice de trois cents ou quatre cent millions et plus.

Or, la banque d'état appartenant à tous, il est clair que ces prodigieux bénéfices appartiendraient à tous.

Finalement, pour distribuer ce bénéfice à tous, la banque d'état remettrait annuellement ces bénéfices au gouvernement, qui dégrèverait d'autant les impôts ;

C'est-à-dire que si la banque d'état gagnait quatre cent millions, le gouvernement pourrait dégrever de quatre cent millions l'impôt foncier, l'impôt sur les boissons ; en un mot, les impôts qui pèsent le plus durement sur les producteurs de toutes les classes.

Si bien que non-seulement la réalisation de la banque d'état mettrait les producteurs de toutes les classes, agriculteurs et manufacturiers, à l'abri des extorsions de l'usure et de l'agiotage.

Non-seulement elle les affranchirait du haut intérêt et des faux frais payés aujourd'hui à l'hypothèque,

Mais encore, pour surcroît de bienfaits, elle amènerait un dégrèvement immense des impôts les plus lourds.

La banque d'état serait donc une institution pivotale et suprême. A elle seule, elle constituerait une révolution profonde.

Une fois réalisée tout deviendrait possible : l'agriculture florissante, la manufacture prospère, le travail largement rétribué, la production s'accroissant sans limites, le bien-être se généralisant, réaliseraient enfin les conditions indispensables de l'association.

On conçoit maintenant pourquoi nous avons dit qu'il fallait rejeter les utopies pour porter ses forces vers la réalisation d'une institution capable, à elle seule, de donner d'aussi grands résultats ; et nous le répétons avec plus d'assurance encore : plus d'utopies, mais la banque d'état.

Afin de bien préciser ce que nous entendons par banque d'état, nous allons formuler en quelques lignes un projet de statuts de cette banque, tout en faisant observer que ces statuts ne sont qu'un aperçu, une image de ce qu'ils devraient être, car ce n'est pas en quelques lignes qu'il peut être possible d'entrer dans tous les détails.

———————•◆•———————

ÉTUDE ET PROJET DE STATUTS

DE LA BANQUE D'ÉTAT.

Art. 1er.

La banque de France sera transformée en BANQUE D'ÉTAT après liquidation et remboursement à ses actionnaires.

Art. 2.

Une fois le remboursement opéré aux actionnaires de la banque de France, l'excédant du numéraire métallique qui demeurera dans les caves de la banque de France, après liquidation, servira à former, SI BESOIN EST, le fonds de garantie de la banque d'état.

Art. 3.

La banque d'état sera administrée par des gérants nommés par les représentants du peuple.

Les représentants du peuple nommeront également les membres du conseil de surveillance.

Un compte-rendu de la situation et des opérations de la banque d'état sera publié chaque semaine.

Art. 4.

Le chiffre de l'émission des billets de banque ne devant avoir d'autres limites que les besoins de la circulation, le pouvoir législatif sera appelé chaque année à constater les besoins de la circulation et à déterminer d'après eux le montant de l'émission.

Art. 5.

L'expérience ayant démontré l'impossibilité matérielle et l'inutilité de l'échange à vue des billets de banque contre le numéraire métallique,

L'échange à vue du billet de banque contre le numéraire métallique, quoique facultatif, ne sera jamais obligatoire pour la banque d'état.

Art. 6.

La banque d'état fera les opérations suivantes :

Elle continuera d'escompter les lettres de change à trois signatures.

Elle escomptera les promesses de payer à une seule signature, mais garanties par le dépôt de titres de propriété d'immeubles.

Elle escomptera les promesses de payer à une seule signature, mais garanties par le dépôt de produits classés, expertisés et consignés dans des entrepôts spéciaux et annexés aux comptoirs de la banque d'état (1).

Elle escomptera les promesses de payer à une seule signature, mais garanties par le dépôt de titres industriels dûment expertisés.

Art. 7.

Les immeubles, produits et titres industriels ne seront admis comme gage qu'après une sévère expertise destinée à constater la valeur réelle.

______

(1) Ces entrepôts spéciaux annexés à chaque comptoir de la banque et où seront consignés les produits devant servir de gages à des promesses de payer, constituent une réforme de la circulation des produits que nous exposerons plus loin sous le nom d'*Agences commerciales*.

Art. 8.

Le montant de la somme que la banque d'état avancera sera toujours inférieur à la valeur du gage déposé.

Art. 9.

Le taux de l'intérêt perçu par la banque d'état sera déterminé par le pouvoir législatif.

Art. 10.

Les promesses de payer, garanties par un gage de produits ou de titres industriels, seront faites à une échéance de six mois au maximum.

A l'échéance, si l'emprunteur ne peut acquitter sa promesse de payer, la banque d'état poursuivra la vente du gage afin de se couvrir. Dans le cas où la vente du gage sera insuffisante, la banque aura recours, conformément à la loi, sur les biens de l'emprunteur.

Toutefois, suivant l'avis du conseil d'expertise, si le gage a conservé toute sa valeur, la banque pourra renouveler son opération et admettre une nouvelle échéance.

Art. 11.

Les promesses de payer, garanties par un gage d'immeubles, pourront être à longue échéance, mais dans ce cas elles seront remboursables par annuités.

L'époque de l'échéance et le mode de remboursement seront déterminés par une loi.

Art. 12.

La banque d'état délivrera, suivant les besoins, des coupons de 5, 10, 20 fr. et au-dessus.

Art. 13.

Tout porteur de billets de la banque d'état aura le

droit de les apporter à la banque, qui en acceptera le dépôt en payant au porteur l'intérêt de..... (1)

Art. 14.

Un comptoir de la banque d'état sera établi dans chaque département.

Des sous-comptoirs seront établis en aussi grand nombre qu'il sera reconnu nécessaire.

---

(1) Cet intérêt sera le même que celui que la banque d'état aura perçu lors de l'émission, sauf une commission de tant p. % prélevée par la banque.

En terminant, nous ne pouvons résister à appeler l'attention sur un fait qu'on pourrait appeler providentiel : il semblerait que toutes les fois que la France est sur le point de sombrer dans les abîmes, la Providence prend le soin de lui indiquer une voie de salut, et après tant de services déjà rendus à la cause sociale par la banque de France, c'est encore elle qui vient lui offrir, dans son dévouement inépuisable, dans sa sollicitude incessante, un énergique et tout-puissant moyen de salut.

En effet, nous avons dit que la banque de France devait être transformée en banque d'état.

Mais il est évident que cette transformation ne pourrait et ne devrait se faire qu'après liquidation et remboursement aux actionnaires, et par conséquent, si la banque de France n'avait en cave que le numéraire représentant les droits des actionnaires, et que la liquidation fût obligée de leur en faire l'abandon total, il se trouverait que la banque d'état n'aurait au début aucune encaisse métallique, aucune réserve.

Or, quoi que nous ayons dit, nous devons le reconnaître : il y a encore, dans une partie de la nation, des préjugés invétérés, et les adversaires de la banque d'état ne manqueraient pas de semer des terreurs calculées, des doutes sur la solidité de la banque, sous le prétexte qu'elle n'aurait ni encaisse, ni réserve, et il pourrait bien se faire qu'il y eût assez de crédulité répandue pour que ces doutes entravassent les débuts de la banque.

Grâce à Dieu, ce malheur n'est point à craindre : la banque de France possède aujourd'hui 550 millions en cave, dont 100 millions seulement appartiennent à ses actionnaires (1).

Si donc la banque de France se transformait en banque d'état, elle conserverait dans ses caves une somme de 450 millions, qui n'appartient point aux actionnaires de la banque actuelle, qui appartient à la société tout entière, puisque c'est la société qui l'a déposée à la banque en échange des billets de banque;

Eh bien, ces 450 millions sont pour ainsi dire providentiellement destinés à établir pour la banque d'état, la banque de tous , une encaisse et une réserve plus que suffisantes pour la couvrir contre toutes les éventualités et tous les préjugés.

---

(1) Cette encaisse de la banque de France s'accroît chaque jour; elle est aujourd'hui, 8 mars 1851, de 530 millions; or, plus elle s'accroîtra, plus il deviendra facile de fonder la banque d'état.

DU CRÉDIT FONCIER.

« En fait de crédit foncier, la banque d'état,
« pouvant donner seule l'unité de système
« monétaire, est l'institution la plus écono-
« mique et la plus parfaite de crédit foncier.

« A défaut de la banque d'état, les institutions
« de crédit foncier ne doivent pas avoir
« d'autre base que l'association des posses-
« seurs d'immeubles.

« Toute institution de crédit foncier, fondée
« par des actionnaires à l'instar de la
« banque de France, n'est qu'un leurre,
« un privilége, un monopole. »

Après avoir exposé le système de la banque d'état, nous devons lui comparer les systèmes de crédit les plus préconisés. Nous allons donc examiner successivement et les institutions de crédit foncier et le système de la liberté des banques.

Depuis longtemps il existe en Allemagne des institutions dites de crédit foncier, au moyen desquelles les propriétaires d'immeubles ont pu obtenir le crédit à de plus favorables conditions que par le passé. Ces institutions ont été surtout favorables par suite de l'innovation des remboursements par annuités. Au moyen de ce mode de remboursement, un emprunteur peut se libérer chaque année de sa dette en ajoutant au montant de l'intérêt qu'il a à payer au prêteur une faible somme qui, répétée chaque année, en arrive, par le fait de la combinaison des intérêts décroissants, à libérer l'emprunteur sans que sa charge annuelle en devienne beaucoup plus lourde (1).

Tandis qu'aujourd'hui, par la méthode usitée en

---

(1) Au moment où nous écrivons ces lignes, nous avons sous les yeux un travail de M. J.-B. Josseau, avocat à la cour d'appel de Paris, envoyé en mission par M. Dumas, ex-ministre de l'agriculture et du commerce, afin d'étudier en Allemagne, en Prusse et en Pologne, les divers systèmes de crédit foncier en usage dans ces contrées.

Toutes réserves faites en faveur de la banque d'état, ses conclusions sont conformes aux nôtres ; il a constaté que le mode le plus avantageux était celui de l'association des possesseurs d'immeubles, chaque emprunteur devenant actionnaire d'une association, pour le montant des sommes qu'il emprunte au moyen de l'hypothèque prise sur ses immeubles.

Par ce moyen, les possesseurs d'immeubles, empruntant directement, sans intermédiaires, n'ont à donner aucun bénéfice à aucun actionnaire ; ils empruntent donc sans faux frais, et les annuités qu'ils doivent payer pour se libérer, se trouvent réduites au nombre strictement nécessaire.

Après de pareilles conclusions, il est véritablement étonnant que le ministre ait présenté à l'Assemblée législative un projet presque entièrement favorable à l'organisation des banques de crédit foncier montées par actions, dont les services sont infiniment plus onéreux à l'emprunteur ; c'est un acte de faiblesse que n'aurait point dû commettre M. Dumas, après avoir eu le courage de braver la finance en osant prendre l'initiative contre elle, de la création des banques de crédit foncier.

Néanmoins, malgré cette faiblesse, l'opinion publique doit savoir gré à ce ministre déchu d'avoir osé affronter l'inimitié du privilège, et, quant à nous, nous ne serions point étonné que la véritable cause de sa retraite ne fût la présentation du projet sur le crédit foncier ; le monopole est implacable, il brise tout ce qui le menace.

France, l'emprunteur paie sans cesse et chaque année des intérêts énormes; tous les trois, quatre ou cinq ans, il se ruine en frais de renouvellement d'hypothèque sans se libérer jamais, sans que sa dette cesse jamais de l'écraser.

Depuis de longues années, l'agriculteur français, dévoré par l'usure et le prêt individuel sur hypothèque, demande à cor et à cri la réalisation en France d'institutions de crédit foncier comme en Allemagne.

Jusqu'à ce jour, les réclamations les plus fondées, les plus justes, ont été sans résultat, car les financiers français, plus prévoyants qu'on ne suppose, savent bien que, dans un pays intelligent comme la France, le jour où les institutions de crédit foncier seront établies, le peuple français ira d'un seul coup jusqu'au fond de la question, en tirera la conséquence, et que, résultat final, le crédit foncier, même comme en Allemagne, ne tardera pas à amener la déroute du crédit individuel, le triomphe du crédit collectif et par conséquent la chute de l'agiotage, de l'usure et du prêt individuel sur hypothèque.

On conçoit donc que les financiers ont dû s'opposer énergiquement à un établissement aussi funeste pour eux.

Aussi, pour que le gouvernement, plein d'une si tendre sollicitude pour les financiers, en soit arrivé à présenter un projet de crédit foncier qui, quelle que soit d'ailleurs sa forme, est fatalement destiné à amener la chute du crédit individuel, il a fallu qu'il soit acculé dans ses derniers retranchements, en face de ses propres promesses, poursuivi par les réclamations chaque jour plus énergiques de l'agriculture aux abois.

Mais en présentant son projet, le gouvernement n'a point démérité de la finance, car il a fait tous ses efforts pour amortir le coup, pour sauvegarder ses intérêts, et pour conserver entre ses mains le privilége et le monopole.

Car ce projet, si favorable en apparence aux emprunteurs, l'est bien plus encore aux financiers, aux capitalistes, aux actionnaires, en un mot; c'est ce que nous allons essayer de démontrer.

Le 8 août 1850, le gouvernement a donc été forcé de présenter à l'Assemblée législative un projet de loi sur le crédit foncier (1).

Suivant l'usage, ce projet a été présenté comme la seule limite du possible, comme la dernière et seule expression du progrès de la science. Ce qui frappe tout d'abord, c'est la profonde dissimulation qui a présidé à

---

(1)   **PROJET DE LOI.**

AU NOM DU PEUPLE FRANÇAIS.

Le président de la République

Décrète :

Le projet de loi dont la teneur suit sera présenté à l'Assemblée nationale par M. le ministre de l'agriculture et du commerce, chargé d'en exposer les motifs et d'en soutenir la discussion.

TITRE 1er. — *Des sociétés de crédit foncier.*

Art. 1er. — Les sociétés de crédit foncier autorisées par le gouvernement jouissent des droits et sont soumises aux règles déterminés par la présente loi.

Art. 2. — L'autorisation est donnée par décret du président de la République dans la forme des réglements d'administration publique.

Art. 3. — Lors de la formation des sociétés autorisées, le département et l'état pourront garantir chacun, jusqu'à concurrence d'un tiers, le remboursement des obligations en capital et intérêts.

Art. 4. — Tout porteur d'obligation, en cas de non-paiement des intérêts ou du capital, aura droit de poursuivre la société. A défaut de paiement par elle, il pourra, à l'égard des sociétés constituées en vertu de l'art. 3, exercer contre le département d'abord, et au besoin et ensuite contre l'état, dans la proportion

sa rédaction, car tous les termes en sont soigneusement calculés pour donner le change à l'opinion publique.

Il s'agissait, en effet, de cacher trois choses :

---

de la garantie de chacun d'eux, son recours pour les deux tiers de l'obligation à lui souscrite.

TITRE II. — *Des prêts faits par les sociétés de crédit foncier autorisées.*

Art. 5. — Les sociétés de crédit foncier ne peuvent faire que des prêts hypothécaires remboursables par annuités.

Art. 6. — Elles ne peuvent prêter que sur première hypothèque.

Sont considérés comme faits sur première hypothèque les prêts au moyen desquels tous les créanciers hypothécaires antérieurs doivent être remboursés en capital et intérêts.

Dans ce cas, la société de crédit foncier conserve entre ses mains la valeur suffisante pour opérer ce remboursement à échéance.

Art. 7. — Le prêt ne peut être inférieur à 500 fr.

Art. 8. — Le maximum du prêt est déterminé en raison de la valeur et du revenu net de la propriété, de manière que le prêt ne dépasse pas la moitié de la valeur de la propriété, et que l'annuité ne dépasse pas les deux tiers du revenu net.

Art. 9. — L'annuité comprend nécessairement l'intérêt stipulé, la somme affectée à l'amortissement successif du capital, de plus, s'il y a lieu, les frais d'administration et autres taxes déterminées par les statuts, pourvu que le tout n'excède pas six pour cent du capital nominal des obligations émises.

Art. 10. — L'emprunteur a le droit de se libérer par anticipation, soit en totalité, soit en partie.

Art. 11. — Il n'est admis aucune saisie-arrêt sur le paiement des annuités.

Art. 12. — Les tribunaux ne peuvent accorder aucun délai pour le paiement des annuités.

Art. 13. — Les annuités non payées à l'échéance produisent intérêt de plein droit.

Art. 14. — Dans ce cas, la société pourra, en vertu d'une

1° Que les sociétés de crédit foncier fondées par actions ne seraient pas autre chose, en définitive, que l'extension de la banque de France.

---

ordonnance du président du tribunal de première instance rendue sur requête, huit jours après une mise en demeure, se mettre en possession des immeubles hypothéqués, aux frais et risques des débiteurs en retard.

Elle touchera, nonobstant toute opposition ou saisie, le montant des revenus ou récoltes, pour l'appliquer, par privilége, à l'acquittement des termes échus d'annuités, sauf à tenir compte de l'excédant, s'il y a lieu, et à restituer l'immeuble après qu'elle aura été désintéressée.

Art. 15. — Dans le même cas de non-paiement d'une annuité à l'échéance, et toutes les fois que, par suite de la détérioration de l'immeuble ou par toute autre cause indiquée dans ses statuts, le capital intégral sera devenu exigible, la vente de l'immeuble pourra être poursuivie.

Les formalités prescrites pour la saisie immobilière ne sont pas obligatoires pour cette vente.

Néanmoins, elle ne peut avoir lieu qu'avec publicité et concurrence, en présence du débiteur ou lui dûment appelé, et, si les tribunaux n'en ordonnent autrement, dans l'arrondissement où les immeubles sont situés.

Les formes et délais de la vente déterminés par les statuts sont transcrits dans les contrats de prêts.

Art. 16. — Lorsqu'il existera une saisie antérieure pratiquée à la requête d'un autre créancier, la société pourra, jusqu'au dépôt du cahier d'enchères, et après un simple acte signifié à l'avoué poursuivant, faire procéder à la vente d'après le mode indiqué dans ses statuts.

En cas de négligence de la part de la société, le créancier saisissant aura le droit de reprendre ses poursuites.

Après le dépôt du cahier d'enchères, l'association pourra seulement, conformément à l'art. 722 du Code de procédure civile, se faire subroger dans les poursuites du saisissant.

Il ne sera accordé, si elle s'y oppose, aucune remise d'adjudication.

Art. 17. — Dans la huitaine de la vente, l'acquéreur sera tenu

Or, ainsi que nous l'avons démontré, l'extension de la banque de France ne pouvant s'opérer sans amener la réalisation de la banque d'état, c'est-à-dire sans que le

---

d'acquitter, à titre de provision, dans la caisse des sociétés de crédit foncier, le montant des annuités dues.

Après les délais de surenchère, le surplus du prix pourra être valablement versé à ladite caisse jusqu'à concurrence de ce qui lui sera dû, nonobstant toutes oppositions, contestations et inscriptions des créanciers de l'emprunteur, sauf néanmoins leur action en répétition, si la société avait été indûment payée à leur préjudice.

Ces dispositions sont applicables à tout acquéreur, soit sur saisie immobilière, soit sur aliénation volontaire.

Art. 18. — Lorsqu'il y aura lieu à folle enchère, il y sera procédé suivant le mode indiqué par l'art. 15 de la présente loi.

TITRE III. — *Des obligations émises par les sociétés de crédit foncier autorisées.*

Art. 19. — Les sociétés de crédit foncier autorisées ont le droit d'émettre des obligations nominatives ou au porteur.

Ces obligations portent intérêt.

Les obligations nominatives sont transmissibles par voie d'endossement, sans autre garantie que celle qui résulte de l'art. 1693 du code civil.

Art. 20. — L'émission des obligations n'aura lieu qu'après l'accomplissement des formalités prescrites par la présente loi pour purger les hypothèques légales et les actions résolutoires.

A cet effet, il sera signifié, tant à la femme ou au subrogé-tuteur, qu'au procureur de la République près le tribunal du lieu où est situé l'immeuble, un extrait de l'acte d'emprunt contenant la date, les nom, prénoms, profession et domicile de l'emprunteur, la désignation de la nature et de la situation de l'immeuble et le montant de l'emprunt.

Lorsque la libération complète de l'immeuble ne sera pas établie, pareil extrait sera signifié aux précédents propriétaires, soit au domicile réel, soit au domicile élu ou indiqué par les titres.

Trente jours après l'insertion de l'extrait avec mention de la

crédit collectif abolit les priviléges du crédit individuel,
il fallait à tout prix dissimuler l'identité de ces deux
institutions.

---

signification dans l'un des journaux désignés par les tribunaux
de la localité pour les publications judiciaires, s'il n'est pas sur-
venu d'inscription d'hypothèque légale, ni d'inscription de privilége avec réserve de l'action résolutoire, l'immeuble sera affranchi
de ces action et hypothèque vis-à-vis de la société.

Art. 21. — Les obligations ne peuvent dépasser le montant
des prêts hypothécaires. Elles ne peuvent être émises qu'après
avoir été visées par un notaire et enregistrées.

Le visa est donné par le notaire dépositaire de la minute de
l'acte d'emprunt dont elles sont la représentation.

Le notaire fait mention sur la minute du nombre et du montant des obligations par lui visées.

Les obligations doivent être enregistrées en même temps que
l'acte d'emprunt. L'enregistrement des obligations a lieu au
droit fixe d'un franc.

Il est interdit au notaire de viser et au receveur d'enregistrer
des obligations qui dépasseraient le montant des prêts hypothécaires. Il est également interdit au receveur d'enregistrer des
obligations qui ne seraient pas présentées à l'enregistrement en
même temps que l'acte d'emprunt.

Art. 22. — Il ne peut être créé d'obligation au-dessous de
cent francs.

Art. 23. — Il n'est admis d'opposition au paiement du capital
ou des intérêts qu'en cas de perte de l'obligation.

Art. 24. — Dans le courant de chaque année, il est procédé
au remboursement des obligations au prorata de la rentrée des
sommes affectées au remboursement.

TITRE IV. — *Dispositions générales.*

Art. 25. — Les sociétés de crédit foncier autorisées sont admises à déposer leurs fonds libres au trésor, aux conditions déterminées par le gouvernement.

Art. 26. — Les statuts approuvés conformément à l'art. 2
déterminent :

2° Que les opérations des sociétés de crédit foncier n'auraient d'autre base que le papier-monnaie.

Après avoir tant déblatéré contre le papier-monnaie,

1° Le mode suivant lequel il sera procédé à l'estimation de la valeur et du revenu de la propriété ;

2° La nature des propriétés qui ne pourront être admises comme gage hypothécaire et de celles sur lesquelles il ne pourra être prêté qu'une somme inférieure à la quotité fixée par l'art. 8 ;

3° Le maximum des prêts qui pourront être faits au même emprunteur ;

4° Les tarifs pour les calculs des annuités ;

5° Le mode et les conditions des remboursements anticipés ;

6° Le mode d'émission et de rachat et le mode de remboursement des obligations avec ou sans primes, ainsi que le mode d'annulation des obligations remboursées ;

7° La constitution d'un fonds de garantie,

Soit en engagements hypothécaires,

Soit en numéraire,

Soit en effets publics.

Ce fonds devra toujours comprendre en numéraire ou en fonds déposés conformément à l'art. 23, une somme égale au moins à l'intérêt, pendant un an, des obligations émises ;

8° La composition d'un fonds de réserve ;

9° Les cas où il y aura lieu à la dissolution de la société, et les formes et conditions de la liquidation.

Art. 27. — Les sociétés de crédit foncier autorisées ne peuvent faire d'autres opérations que celles qui sont prévues par la présente loi et déterminées par les statuts.

Art. 28. — Elles sont placées sous la surveillance du ministre de l'agriculture et du commerce.

Un règlement d'administration publique déterminera le mode de cette surveillance.

Art. 29. — Dans le cas où la société contreviendrait aux dispositions de la présente loi ou des statuts, ou à ses engagements envers les porteurs ou titulaires de ses obligations, le ministre de l'agriculture et du commerce pourra prononcer la révocation de l'autorisation ou provoquer la nomination par justice d'une administration provisoire.

après avoir tant effrayé la France, après l'avoir tant félicitée d'en être enfin débarrassée, il aurait été par trop audacieux de reconnaître qu'après tout, le papier-monnaie est une bonne chose, puisqu'on prenait l'initiative d'une émission formidable, en proposant la création des banques de crédit foncier;

3° Enfin, que la fondation de ces sociétés de crédit foncier montées par actions ne serait rien moins que la création de nouveaux et inutiles priviléges et monopoles entre les mains de quelques particuliers.

Et ce qui prouve la dissimulation, c'est que le projet de constitution des banques de crédit foncier présenté par le gouvernement ne parle point de banque, mais de sociétés.

L'autorisation ne pourra être retirée que dans la forme déterminée par l'art. 2.

L'administration provisoire sera nommée par le tribunal civil, à la requête du ministère public.

Elle sera chargée d'opérer les recouvrements, de payer les sommes dues et de convoquer les associés dans un délai déterminé, à l'effet de délibérer sur les mesures à prendre.

Le jugement sera exécutoire par provision, nonobstant opposition ou appel.

Art. 30. — Les peines portées par l'art. 139 du code pénal sont applicables à ceux qui auront contrefait ou falsifié des obligations, ou qui auront fait usage d'obligations contrefaites ou falsifiées, ou qui les auront introduites dans l'enceinte du territoire français.

Fait à Paris, le 8 août 1850.

Le président de la République,

Signé L.-N. BONAPARTE.

Le ministre de l'agriculture et du commerce,

Signé DUMAS.

Ces sociétés (lisez banques) ne devraient opérer qu'avec des billets de banque, du papier-monnaie, et pourtant ce projet ne parle point de billets de banque, mais bien d'obligations.

Enfin, ces sociétés, ainsi que le prévoit et que le désire le gouvernement, devraient être montées par actions, et pourtant le projet ne parle nullement d'actionnaires, mais de sociétaires.

Pourquoi donc ne pas appeler les choses par leur nom ? Pourquoi éviter si soigneusement les noms de banque, de billets de banque, d'actionnaires ? Ces noms sont-ils donc honteux et nuisibles ? Est-ce que la banque de France a démérité; est-ce qu'elle a cessé de rendre des services ? Est-ce que ses billets sont dépréciés; est-ce que ses actionnaires ont commis des malversations; est-ce qu'ils sont hors la loi, pour qu'on ait évité avec tant de soin de rappeler dans la rédaction du projet le souvenir de la banque de France ?

Non. Le motif de ce silence si habilement calculé n'est point là : il provient uniquement de ce qu'on a peur de la banque d'état; car si l'on avouait que les sociétés de crédit foncier (lisez banques montées par actions) ne seraient que l'extension de la banque de France; si on reconnaissait, par cet aveu, qu'il serait possible de faire le crédit à toute promesse de payer garantie par un gage, au moyen du papier-monnaie, du billet de banque, de l'obligation, sans avoir besoin de numéraire métallique, le moment ne serait pas éloigné où les banques de crédit foncier, transformées en banque d'état, auraient bientôt amené la suppression de l'usure, de l'agiotage et l'inutilité du prêt individuel sur hypothèque.

Le manque de franchise qui règne dans le projet présenté par le gouvernement nous paraît être un aveu tacite des progrès que la connaissance des théories des banques a faits dans les intelligences. On a peur de la clairvoyance

du peuple, et on a raison, car, malgré tous les dégui-
sements, il saura bien reconnaître la vérité; il saura
bien découvrir que, n'osant pas, par les raisons que nous
avons signalées déjà, procéder directement à l'extension
de la banque de France, on tente d'arriver au même
résultat d'une autre manière; c'est-à-dire de maintenir
et développer le monopole et le privilége entre les mains
de quelques actionnaires au détriment du pays tout
entier. En effet, rien n'empêche de supposer que les
actionnaires de la banque de France, alléchés par leurs
priviléges actuels, deviendraient encore actionnaires des
banques de crédit foncier; de telle sorte que les mêmes
actionnaires, ajoutant à l'escompte de la lettre de change
le prêt sur gages d'immeubles, auraient bien réellement
procédé à l'extension de la banque de France.

Il suffit, pour prouver ce que nous avançons,—à savoir
que les sociétés de crédit foncier montées par actions ne
seraient pas autre chose que l'extension de la banque de
France, — d'analyser les principaux articles du projet.

Art. 1er. Les sociétés de crédit foncier (lisez banques)
ne peuvent faire que des prêts sur première hypothèque
et remboursables par annuités. (Toute autre opération
leur est interdite.)

Art. 8. Le prêt ne dépassera pas la valeur de la moitié
de la propriété.

Il est facile de concevoir que si l'on autorisait les banques de crédit foncier à faire d'autres opérations que le
prêt sur première hypothèque, elles ne tarderaient pas
à escompter les lettres de change à trois signatures sans
gage, ce qui ferait concurrence à la banque de France
et attenterait à son privilége, concurrence et atteinte
qu'il faut bien lui épargner à tout prix et qui feraient un
double emploi nuisible aux financiers, simultanément
actionnaires de la banque de France et des banques de
crédit foncier.

Art. 9. L'annuité comprend l'intérêt stipulé et l'amortissement du capital ; cette annuité ne doit pas dépasser six pour cent l'an.

Nous ferons remarquer ici que le projet limite bien la proportion de l'annuité, mais qu'il n'en limite pas le nombre. Ce nombre demeurerait donc à la discrétion des banques de crédit foncier ; il est alors permis de croire qu'il n'aurait d'autres bornes que l'avidité des actionnaires ou leur prudence ; car on doit supposer qu'ils seraient aussi prudents que les actionnaires de la banque de France, qui ont résisté à la tentation de faire les bénéfices incalculables qu'ils auraient obtenus de l'extension de la banque de France, pour se contenter d'un bénéfice régulier de 15 à 20 %.

Art. 19. Les sociétés de crédit foncier (lisez banques) auront le droit d'émettre des obligations (lisez billets de banque) nominatives ou au porteur.

Les obligations porteront intérêt et seront transmissibles par voie d'endossement.

Deux choses frappent l'attention dans cet article 19. En premier lieu, le ton de bénignité ; car, quoi de plus bénin que cette modeste autorisation : *Les sociétés de crédit foncier auront le droit d'émettre des obligations ;* il semblerait, à première vue, que ce droit pourrait n'être pas exercé, que ce ne serait qu'une exception ; eh bien ! c'est justement là que se montre la plus profonde dissimulation ; de même que les banques actuelles n'auraient aucune raison d'être sans billets de banque, de même les sociétés de crédit foncier ne seraient rien sans les obligations, puisque toutes leurs opérations auraient pour base l'émission de leurs obligations remises à l'emprunteur en échange de son gage d'immeubles.

Mais il fallait dissimuler, car ce droit facultatif d'émettre des obligations, de créer des billets de banque, de faire du papier-monnaie et de jeter dans la circulation une somme égale à la moitié de la valeur de tous les immeubles de France, ce droit innocent d'émettre facultativement des obligations ne serait rien moins que le droit donné aux banques de crédit foncier de jeter. dans la circulation une masse énorme de papier-monnaie, pouvant s'élever à 10, 15, 20, 30, 50 milliards.

D'où l'on peut conclure ce fait que toutes les diatribes contre les billets de banque, contre le papier-monnaie, ne sont qu'un mensonge, que tous les dangers qu'on a signalés n'existent pas, et qu'il suffit qu'un papier soit le signe représentatif d'une valeur réelle supérieure et qu'il porte intérêt, pour qu'il soit un excellent numéraire et pour qu'il ne fasse courir aucun danger au pays, pour qu'il ne subisse aucune dépréciation.

Or, c'est justement ce que nous avons avancé lorsque nous avons parlé de la banque d'état.

En conséquence, puisque les obligations, les billets de banque, le papier-monnaie, émis par les sociétés ou banques de crédit foncier, constitueraient un bon numéraire, il en résulte que le papier de la banque d'état ne serait pas moins bon, puisqu'il serait émis exactement aux mêmes conditions, mais avec cette différence que les bénéfices, au lieu de passer dans les mains de quelques actionnaires, appartiendraient à la nation entière, ce qui serait bien différent.

Un second point est à remarquer dans ce doux article 19, c'est que le projet qui limite la proportion de l'annuité à 6 °/₀ ne limite point l'intérêt des obligations émises par les banques de crédit foncier; d'où l'on peut conclure que cet intérêt ne serait jamais élevé qu'au chiffre nécessaire pour faire accepter ce papier.

ART. 21. (Complément de l'article 19.) Le montant des obligations ne peut dépasser le montant des prêts hypothécaires opérés par les sociétés de crédit foncier (lisez banques);

Ce qui veut dire que le montant des obligations

serait égal au montant des prêts hypothécaires; c'est-
à-dire qu'il pourrait s'élever à la moitié de la valeur de
toutes les propriétés immobilières de France.

ART. 25. Les sociétés de crédit foncier (lisez banques)
sont autorisées à déposer leurs fonds libres au trésor
aux conditions stipulées par le gouvernement.

Encore un innocent article qui, sans en avoir l'air, a
pour but, ainsi que nous le démontrerons plus loin, d'enrichir annuellement les actionnaires des banques de
nombreux millions, et surtout de faire arriver chaque
année, dans le gouffre béant du trésor, des sommes
énormes provenant du produit des annuités des emprunteurs; le trésor renouvelant ainsi l'opération des
caisses d'épargne, qui a permis au gouvernement déchu
de gaspiller les centaines de millions provenant des
économies des travailleurs français.

ART. 26. Les statuts approuvés par le gouvernement
détermineront (paragraphe 7), la constitution d'un fonds
de garantie,

> Soit en engagements hypothécaires,
> Soit en numéraire,
> Soit en effets publics.

Le fonds de garantie devra toujours comprendre, en
numéraire ou en fonds déposés, conformément à l'art.
23 (lisez au trésor), une somme égale au moins à l'intérêt
pendant un an des obligations émises.

Or, comme le projet ne donne aucun chiffre pour le
fonds de garantie, il est clair que ce fonds ne dépasserait
pas le montant des intérêts ci-dessus stipulés.

Dans quel but le projet exige-t-il un fonds de garantie,
une encaisse, une réserve? Serait-ce afin d'opérer à vue
l'échange des obligations contre le numéraire, suivant
le vieux préjugé des banques ordinaires? Serait-ce pour
couvrir les chances de perte? Serait-ce enfin pour faire
face au service des intérêts des obligations?

Mais de l'échange à vue il n'en est plus question ; c'est un mythe hors de service, et nous avons précédemment fait voir que cet échange était la négation de toute banque, puisqu'il faudrait qu'elles eussent un fonds de garantie égal à leur chiffre d'émission ; ce ne serait donc pas dans le but d'échange, et en effet le projet n'en fait pas mention ; serait-ce donc pour couvrir les chances de perte ?

Mais la banque ne prêterait jamais que sur première hypothèque.

Mais la valeur de l'immeuble serait basée sur le revenu.

Mais les hypothèques des banques seraient privilégiées.

Mais dans le cas où, par impossible, l'immeuble ne suffirait pas à couvrir le prêt, la banque conserverait son recours contre tous les autres biens de l'emprunteur.

Mais enfin, en admettant quelques pertes possibles, ce que nous nions formellement, les banques auraient pour se garantir leurs énormes bénéfices.

Il ne serait donc pas besoin d'un fonds de garantie pour couvrir des pertes qui ne pourraient exister.

Serait-ce donc pour le service des intérêts ? Pas davantage.

Car, comme le projet ne détermine aucune échéance pour les obligations, il en résulterait que les banques souscriraient ces obligations, ou du moins pourraient les souscrire en toute liberté, à deux ans, à trois ans, à cinq ans, à dix ans et plus.

Or, comme l'emprunteur serait tenu de payer au moment même de l'emprunt la première annuité de 6 %, comme un an après il paierait une nouvelle annuité, il devient bien évident que ces deux annuités seraient bien plus que suffisantes pour couvrir le service des intérêts des obligations ; d'autant plus suffisantes que, dans le cas où un emprunteur ne pourrait payer son annuité, son immeuble serait immédiatement vendu.

Donc, un fonds de garantie ne serait pas plus motivé par le service des intérêts que par la nécessité de faire face à des pertes qui n'existeraient pas, ou par l'échange à vue des obligations contre le numéraire.

Il arriverait donc pour les banques de crédit foncier la même chose que pour la banque de France.

Un fonds de garantie de réserve, une encaisse ne serait qu'un prétexte pour donner le droit à quelques actionnaires de palper les bénéfices des banques actionnaires qui, sans ce prétexte, n'auraient aucune raison d'intervenir.

Or, s'il n'y avait point d'actionnaires, qui donc toucherait les bénéfices, si ce n'est l'état ? et, en effet, ce serait l'état, PUISQUE LES BANQUES DE CRÉDIT FONCIER MOINS LES ACTIONNAIRES SERAIENT LA BANQUE D'ÉTAT MOINS L'UNITÉ.

Jugeons maintenant l'arbre à ses fruits.

Les opérations des banques de crédit foncier consisteraient à prêter sur première hypothèque; mais que prêteraient-elles? Leur papier-monnaie, leurs obligations.

Et en échange de ce papier-monnaie, de ces obligations, et pour se libérer envers la banque, l'emprunteur souscrirait un certain nombre d'annuités s'élevant annuellement au maximum de 6 % l'an, intérêt et remboursement compris.

Il est clair que le nombre de ces annuités devrait être suffisant :

1° Pour rembourser le montant du prêt fait par la banque de crédit foncier;

2° Pour couvrir le montant des intérêts que la banque aurait à payer;

3° Pour couvrir les frais de gérance, d'administration, d'expertise;

4° Enfin, et par-dessus tout, pour donner des bénéfices aux actionnaires.

L'emprunteur devant, par ses annuités, rembourser le capital et les intérêts destinés à couvrir les obligations de la banque, on conçoit que le nombre des annuités devrait être d'autant plus considérable que l'intérêt que la banque aurait à payer pour ses obligations serait plus élevé; or, il y a tout lieu de croire que l'intérêt des obligations serait au début (dans la suite, cet intérêt diminuerait) de 3,65 % et par an, car ce chiffre a déjà la consécration de l'usage dans d'autres contrées, et, en outre, il est réellement très-commode, car 3,65 % et par an font un centime pour cent par jour, de telle sorte que toute obligation ayant au verso un petit calendrier indiquant la situation de l'intérêt à jour fixe, il deviendrait infiniment facile de transmettre les obligations par un simple endossement.

Nous ne pouvons déterminer au juste quel pourrait être le nombre des annuités exigées par les banques, mais nous croyons demeurer au-dessous des bornes de la modération en portant ces annuités à quarante.

Un emprunteur se trouverait donc libéré en payant, pendant quarante ans, 6 % du capital emprunté.

Au premier aspect, la possibilité qu'aurait l'emprunteur de se libérer, de rembourser sa dette moyennant des annuités de 6 %, capital et intérêts compris, paraîtrait un avantage immense qui lui serait offert par les banques de crédit foncier, quel que fût, d'ailleurs, le nombre des annuités, fût-il de cinquante, fût-il de soixante.

Car avec le système actuel, loin de se libérer du ca-

pital en payant annuellement 6 °/₀, l'emprunteur paie
le plus souvent 7, 8, 10 °/₀, sans s'acquitter jamais,
sans compter les frais de renouvellement, les soucis,
les chagrins, les poursuites et les pertes de temps.

Ah! sans doute, il y a quelques années, si le gouvernement, si les capitalistes, profitant de l'ignorance
générale existant sur les questions de banque, avaient
institué les banques de crédit foncier prêtant à 6 °/₀,
remboursement et intérêts compris, ils auraient rendu
des services réels et auraient, pendant longtemps, ré-
colté la gratitude des emprunteurs et les bénéfices des
banques.

Aujourd'hui, il est trop tard, et quels que soient les
avantages offerts par les banques de crédit foncier, la
banque d'état en offrirait de plus grands encore, puisque ses bénéfices appartiendraient à tous au lieu d'appartenir à quelques actionnaires.

Nous avons dit que nous croyions que le nombre des
annuités ne serait pas inférieur à quarante; établissons
donc sur cette base un budget d'une banque afin de
nous rendre compte de ses opérations.

Admettons une banque de crédit foncier opérant sur
un chiffre de 1 milliard.

Cette banque émettrait pour 1 milliard d'obligations,
auxquelles elle servirait un intérêt de 365 °/₀ l'an: pour
se couvrir de ce milliard d'obligations et de cet intérêt
de 3,65 °/₀ l'an, la banque aurait donc à recevoir quarante annuités de 6 °/₀ l'an.

Recettes.

Quarante annuités de 60 millions,	2,400 millions.

Dépenses.

Remboursement du capital.	1 milliard.
Intérêt annuel du milliard, obliga- tions à 3,65, pendant quarante ans . .	1,460 millions.
A reporter	2,460 millions.

Report. . . . . . . 2,460 millions.

Frais de gérance et d'administra-
tion pendant quarante ans . . . .   4 millions.

Total des dépenses. . . . . . . 2,464 millions.

D'où, en apparence, il résulterait que la banque de crédit foncier serait en perte de 64 millions en ne recevant que quarante annuités de 6 %.

Il en serait véritablement ainsi si la banque, ayant souscrit pour 1 milliard d'obligations, les laissait en circulation et payait chaque année à leurs porteurs l'intérêt annuel de 3,65 %.

Mais la banque recevant chaque année 60 millions, et n'ayant à payer que l'intérêt de ses obligations à 3,65 %, se trouverait avoir chaque année un excédant plus considérable qui, appliqué à éteindre les obligations, en arriverait, par la progression croissante, à éteindre le milliard tout entier des obligations souscrites EN VINGT-SIX ANS ENVIRON.

Or, une fois ces obligations éteintes, la banque se trouverait ensuite toucher chaque année, en pur bénéfice, toutes les annuités payées par les emprunteurs, soit 60 millions par an.

Par conséquent, ayant admis quarante annuités, la banque ayant éteint ses obligations en vingt-six ans, les actionnaires de la banque toucheraient donc des dividendes annuels de 60 millions pendant quatorze ans, soit en tout 840 millions; c'est-à-dire vingt-trois fois le montant de leur mise de fonds, soit 60 % par an environ du capital servant de fonds de garantie.

Trois fois plus que ne touchent les actionnaires de la banque de France qui, pourtant, touchent déjà de si beaux dividendes, et ce bénéfice serait d'autant plus monstrueux, qu'il serait obtenu sans que les actionnaires fussent tenus de verser aucune mise de fonds.

En effet, que dit l'art. 26 ?

Le fonds de garantie sera constitué en engagements hypothécaires ;

En numéraire ;

En effets publics.

Or, des propriétaires d'immeubles pouvant devenir actionnaires, tout simplement en faisant prendre inscription hypothécaire sur leurs propriétés pour le montant de leurs actions, le propriétaire actionnaire, par ce fait, ne verserait donc rien, il ne se priverait de rien, il garderait sa propriété, il en toucherait les revenus et jouirait enfin sans avoir rien à payer, ni capital, ni intérêt, et sans courir aucune chance de perte, ainsi que nous l'avons si clairement démontré, et finalement, il se trouverait faire des bénéfices de plus de 50 % par an, sans aucun motif sérieux.

Il en serait encore de même, l'actionnaire versât-il le montant de ses actions en numéraire ou en fonds publics ; car, ainsi que le dit l'art. 26, le numéraire serait déposé au trésor qui lui en paierait l'intérêt ; et d'un autre côté, les fonds publics rapportent intérêt.

Donc, par cet ingénieux procédé, les actionnaires toucheraient sans motifs, non-seulement l'intérêt de leur capital, mais encore les bénéfices les plus exagérés.

Nous savons bien que l'on soutiendra que le projet du gouvernement proposant la liberté des sociétés de crédit foncier, il se créerait un grand nombre de ces sociétés ; que par suite de ce grand nombre, ces banques, se faisant concurrence entre elles, offriraient à l'emprunteur des conditions de plus en plus favorables, tendant de plus en plus à se rapprocher du chiffre normal de vingt-six annuités.

Eh ! sans doute, s'il s'agissait de pauvres diables, ils se feraient concurrence jusqu'à la mort ; mais quand il s'agit de financiers, jamais le proverbe ne serait plus vrai, lequel dit que : les loups ne se mangent pas entre eux, et il n'est pas permis de douter qu'au lieu de se faire concurrence, les sociétés de crédit foncier établiraient entre elles le plus touchant accord et se partageraient amiablement la France financière ainsi qu'il a déjà été fait de la France des chemins de fer.

Aussi maintenons-nous qu'il y a tout lieu de croire que le nombre de ces annuités ne descendrait jamais au-dessous de 140.

Et que leur chiffre ne descendrait jamais au-dessous de 6 % l'an.

Mais, afin de dissimuler ce qu'il y aurait d'odieux à toucher 14 annuités de 60 millions en pur bénéfice, soit 840 millions, les banques se garderaient bien d'éteindre leurs obligations au fur et à mesure de la rentrée des annuités, par les raisons suivantes :

Parce que si les annuités étaient tout entières appliquées à l'extinction des obligations, les actionnaires demeureraient vingt-six ans sans toucher de bénéfices, ce qui n'est pas admissible; l'actionnaire voudrait toucher chaque année un bénéfice, d'autant plus que s'il attendait l'extinction des obligations pour palper ses bénéfices, ils deviendraient alors si choquants que l'opinion publique se soulèverait; il serait donc indispensable de répartir les bénéfices sur toute la durée des annuités.

En outre, parce que les sociétés de crédit foncier gagneraient plus à ne pas éteindre leurs obligations auxquelles elles ne paieraient que 3,65 d'intérêt, tandis qu'en plaçant une partie de leurs annuités au trésor, suivant le dire de l'innocent art. 25, elles en tireraient 4 1/2 à 5 pour cent, ce qui constituerait à la banque un très-beau bénéfice.

De tout ce qui précède il résulte bien que les sociétés de crédit foncier seraient surtout fondées dans l'intérêt des actionnaires et non des emprunteurs.

Si les promoteurs de ces institutions avaient eu réellement pour but de les rendre particulièrement avantageuses à l'emprunteur et de lui faire obtenir le crédit au plus bas prix possible, il aurait fallu, à défaut de la banque d'état, puisqu'on en a peur et qu'on ne veut pas profiter, dans l'intérêt général, des bénéfices qu'elle eût pu faire, il eût fallu, selon nous, rédiger les articles du projet dans les termes suivants :

Art. 5. Les sociétés de crédit foncier ne peuvent faire que des prêts sur première hypothèque et remboursables par annuités.

Art. 8. Tout prêt ne dépassera pas la moitié de la valeur de la propriété.

Art. 9. L'annuité comprend l'intérêt stipulé et l'amortissement du capital. Cette annuité sera DE SIX POUR CENT PAR AN.

Art. 19. Les sociétés de crédit foncier émettront des obligations nominatives et au porteur.

CES OBLIGATIONS PORTERONT UN INTÉRÊT DE 3,65 POUR CENT ET PAR AN, ET SERONT TRANSMISSIBLES PAR VOIE D'ENDOSSEMENT.

Art. 10. Les sociétés de crédit foncier recevant des annuités de 6 % et ne payant chaque année qu'un intérêt de 3,65, peuvent éteindre leurs obligations en intérêt et en capital en 26 ans. LE CHIFFRE DES ANNUITÉS DEVRA DONC ÊTRE DE 26, plus ce qui sera nécessaire pour couvrir les frais d'administration.

Tout emprunteur pourra donc se libérer moyennant le paiement de 26 annuités de 6 % l'an, capital et intérêts compris.

Ainsi conçues, les sociétés de crédit foncier ne seraient pas autre chose qu'une institution d'association et d'assurances mutuelles entre les propriétaires emprunteurs, qui s'engageraient mutuellement entre eux au marc le franc de leurs emprunts.

Établi sur cette base, ce projet eût été favorable et utile; il aurait eu l'inconvénient de jeter dans la circulation des obligations d'origines infiniment variées, ce qui est toujours un danger; mais au moins il aurait affranchi l'agriculture de l'usure et des faux frais en permettant à l'emprunteur de se libérer en 26 ou 27 ans capital et intérêt.

Tandis que le projet du gouvernement, avec tous ses sous-entendus, toutes ses restrictions, toute sa dissimulation, n'est au fond, et nous le répétons, qu'une extension déguisée de la banque de France; c'est encore le maintien inutile du crédit individuel, l'intervention sans motif, sans nécessité, des financiers; c'est encore la perpétuation du privilége et du monopole.

Nous le répétons donc, les institutions de crédit foncier seraient un progrès sur l'état actuel des choses, mais elles ne constitueraient pas une solution qui appartient seule à la banque d'état.

DE LA LIBERTÉ DES BANQUES.

LES BANQUES DE COMMANDITE SEULES DOIVENT ÊTRE LIBRES (1).

> « Autoriser la liberté des banques, c'est-
> « à-dire permettre à tout capitaliste action-
> « naire d'une banque, d'émettre en billets
> « de banque une somme triple ou quadruple
> « de sa mise de fonds, c'est reconstituer,
> « en faveur de la féodalité financière, le
> « dangereux privilége enlevé avec tant de
> « peine à la féodalité nobiliaire : —
> « LE DROIT DE BATTRE MONNAIE.
> « L'état seul doit battre monnaie. »

La théorie de la liberté des banques n'est point aussi populaire en France ni aussi répandue que celle des

---

(1) Au moyen de la banque d'état, nous croyons avoir démontré l'inutilité de l'agiotage, de l'usure et du prêt individuel sur hypothèque. Il en résulterait donc que si cette institution était en pleines fonctions, les banques ordinaires n'auraient plus aucune raison d'être. Lors donc que nous disons banques de commandite, il ne s'agit plus de banques analogues à celles qui existent aujourd'hui, mais bien d'associations de capitalistes ayant pour but l'application exclusive des capitaux réels à la production, n'ayant pour limite de leur participation aux pertes et aux bénéfices de la production que la loi de l'offre et de la demande.

institutions de crédit foncier. L'opinion publique, effrayée des banqueroutes générales et périodiques qui, de temps à autre, viennent bouleverser toutes les existances dans les contrées où règne la liberté des banques, repousse instinctivement un système capable de produire d'aussi fâcheux résultats ; cette répulsion est si grande et si générale, qu'il y a tout lieu de croire qu'il ne sera jamais question de réaliser ce système en France.

Peut-être eussions-nous pu nous dispenser de réfuter une théorie que nous croyons sans avenir ; néanmoins nous allons l'essayer, parce que des hommes considérables, des publicistes renommés, séduits sans doute par ce mot magique de liberté, soutiennent encore que la liberté des banques est la solution du problème du crédit, ouvrant ainsi sans s'en douter un refuge au crédit individuel qui, sous le masque de la liberté, essaierait encore de perpétuer ses priviléges et son monopole.

Cette croyance constitue, suivant nous, une profonde et funeste erreur économique, erreur qui ne peut avoir pour résultat, comme les autres théories du laissez faire, laissez passer, que de laisser aux riches la liberté de s'enrichir encore, et aux pauvres celle de rendre plus profonde encore une misère intolérable.

En effet, admettre la liberté des banques, c'est admettre qu'un capitaliste qui ne tire guère aujourd'hui que 4 à 5 % de ses capitaux en obtienne 10, 15 ou 20 au moyen de la création des banques.

Car, qu'est-ce qu'une banque aujourd'hui ? Une banque est une association d'un certain nombre de particuliers qui opèrent le versement d'une certaine somme en numéraire métallique, au moyen duquel ils obtiennent l'autorisation, ils acquièrent le droit de battre monnaie, d'émettre des billets de banque, de créer de toutes pièces un capital factice en papier, pour uue somme triple ou quadruple de leur mise de fonds ; monnaie illusoire, capital chimérique qu'ils prêtent ensuite comme un numéraire véritable et dont ils retirent un intérêt, un agio, une commission ; intérêt, agio, commission qui procurent, aux capitalistes actionnaires de la banque, des revenus de 10, 15, 20 % de leur mise de fonds, obtenus sans risques et surtout sans aucune utilité.

Voilà ce qu'on entend aujourd'hui par une banque. Voilà ce qu'est la banque de France ; c'est encore le privilége et le monopole du crédit individuel portant le masque du crédit collectif.

Donc, demander la liberté des banques, c'est demander le développement des abus des priviléges ; c'est demander pour tout capitaliste le droit de doubler et de tripler ses revenus aux dépens de la société.

Mais, dit-on, si les actionnaires de la banque de France touchent indûment des bénéfices de 10, 15, 20 %, c'est parce qu'elle a un monopole, et il n'en serait pas ainsi si le monopole était aboli et s'il était remplacé par la liberté des banques ; car tous les capitalistes de France, entraînés par une convoitise générale, créeraient tous à l'envi de nouvelles banques ; tous voudraient se créer des revenus considérables, et bientôt il en résulterait inévitablement un si grand nombre de banques, qu'il n'y aurait pas en France un département, un arrondissement, un canton, qui n'ait une banque sinon plusieurs.

Or, suivant les économistes, par suite de cette inévitable pullulation, toutes ces banques, afin d'opérer le placement de leurs billets, sans lequel elles ne feraient aucun bénéfice, se livreraient à une concurrence effrénée qui les conduirait, pour trouver des preneurs de leurs billets, à abaisser chaque jour et sans cesse le taux de leurs escomptes, de leur intérêt, de leur commission, abaissement progressif qui ne s'arrêterait que lorsque les actionnaires des banques ne toucheraient plus d'autre bénéfice que l'intérêt légal de leur mise de fonds primitive. De telle sorte que les banques émettant trois ou quatre fois plus de billets de banque qu'elles n'avaient de mise de fonds, l'intérêt en arriverait à être trois ou quatre fois moindre qu'aujourd'hui.

Les partisans de la liberté des banques vont encore plus loin: ils prétendent que la liberté illimitée des banques serait bien la solution du problème social; car ils supposent (bien à tort selon nous) qu'elles en arriveraient, par le fait de la concurrence, à donner le crédit au travail, au prolétariat; par cette raison que, poussées par la nécessité de placer leurs billets, émis en plus grande quantité que ne l'exigeraient les besoins, il ne suffirait pas qu'elles abaissassent le taux de leurs escomptes; elles deviendraient bientôt moins rigides sur la solidité des titres déposés à la banque; peu à peu, au lieu de trois signatures, elles n'en exigeraient que deux; puis, s'enhardissant davantage, elles n'exigeraient plus que les deux signatures fussent celles d'hommes solvables: une seule leur suffirait. De nouvelles concessions seraient encore faites, jusqu'à ce qu'enfin elles en arrivassent à escompter les valeurs signées par les simples travailleurs; si bien que la liberté des banques, donnant le crédit à tout le monde, réaliserait la célèbre formule de M. Proudhon : Crédit gratuit à tous.

Hélas ! en cas de la liberté des banques, la pratique serait bien loin de la théorie; car de deux choses l'une, ou le nombre des banques serait restreint et leur émission de billets ne dépasserait pas les besoins de la circulation; ou bien ce nombre serait très-considérable et leur émission serait au-delà des besoins.

Dans le premier cas, il n'y aurait pas concurrence

entre les banques, elles se partageraient la France comme une proie, et une fois l'entente établie, le taux de l'escompte ne diminuerait pas, les banques demeureraient très-exigeantes sur la solvabilité des signataires des lettres de change : le travail, le prolétariat n'obtiendraient donc pas le crédit. Tout le résultat obtenu, dans ce cas de la liberté des banques, serait le maintien des priviléges du crédit individuel et l'extension du monopole.

Dans le second cas, une concurrence acharnée s'établirait, il est vrai ; cette concurrence amènerait l'abaissement des intérêts, des agios, des commissions ; les banques seraient plus faciles sur l'acceptation des lettres de change, et à l'exception du crédit ouvert au prolétariat auquel nous ne croyons pas, tous les résultats signalés par les économistes seraient obtenus.

Malheureusement, tous ces avantages ne seraient qu'apparents, ils ne seraient qu'une illusion, qu'une utopie ; car, si les banques étaient trop nombreuses, si l'émission de leurs billets dépassait les besoins de la circulation, si la concurrence les rendait plus faciles, ce ne serait plus du numéraire que prêteraient les banques, CE SERAIT DE LA FAUSSE MONNAIE.

En effet, nous avons dit précédemment qu'un billet de banque ne pouvait être une monnaie réelle qu'à la condition absolue d'être le signe représentatif d'une valeur authentique, égale, sinon supérieure, à son chiffre ; nous avons dit qu'un billet de banque ne pouvait demeurer dans la circulation sans dépréciation, qu'à la condition que celui qui en serait porteur se sût, sans aucun doute possible, porteur d'une valeur certaine, certitude qui, seule, pourrait permettre à tout porteur de billet de banque de trouver à les échanger sans perte contre toute autre valeur dont il aurait besoin.

Or, si les banques libres se voyaient forcées, par la

concurrence, à devenir moins exigeantes, si elles étaient moins prudentes, si elles escomptaient de mauvaises valeurs, des lettres de change sans garantie, elles subiraient des pertes, un certain nombre des promesses de payer qu'elles auraient escomptées ne seraient point payées à l'échéance : elles auraient donc jeté dans la circulation des billets de banque qui ne seraient plus la représentation d'une valeur.

Or, du moment qu'un billet de banque cesserait d'être le chiffre représentatif d'une valeur supérieure et réelle, il deviendrait une fausse monnaie.

Donc, les banques libres étant, par le fait de la concurrence, irrésistiblement amenées à jeter dans la circulation des billets sans garantie, sans gages, deviendraient des ateliers de fausse monnaie, et comme telles seraient passibles de toute la sévérité des lois, la fabrication de la fausse monnaie étant considérée comme un des plus grands crimes qu'il soit possible de commettre contre la société.

Il est vrai que les partisans de la liberté des banques prétendent que malgré la concurrence il n'y aurait jamais qu'un petit nombre de banques qui feraient de mauvaises affaires, et que le plus grand nombre, plus heureuses ou plus sages, ne perdraient pas, et conserveraient leur crédit.

En admettant même cette espérance qui ne nous paraît qu'une illusion de plus, il n'en est pas moins vrai, et l'expérience l'a démontré, que dans tous les pays où règne la liberté des banques il a suffi qu'une seule banque émît des billets dépréciés pour que la dépréciation s'étendît à toutes les autres banques : l'opinion publique les rendant solidaires, en arrivait à les frapper toutes d'une égale réprobation, jusqu'à ce qu'enfin la chute d'une seule banque eût amené la chute générale de toutes les banques du pays.

Or, quand on considère que quand une banque suc-

combe, les porteurs des billets sont les plus cruelle-
ment atteints, il n'est point possible que l'on continue
de préconiser un système qui réserve à la société d'aussi
désastreuses éventualités.

A tant d'inconvénients, la liberté des banques en
ajouterait un autre qui ne serait pas moins grand : elle
détruirait l'unité du système monétaire, car chaque
banque émettant son propre papier, s'ingénierait pour
trouver des procédés très-apparents pour le rendre facile à distinguer de tout autre, de telle sorte qu'en
France il circulerait autant de monnaies qu'il y aurait
de banques.

Or, détruire l'unité du système monétaire, cette unité
précieuse si péniblement obtenue, qui a coûté une lutte
de plusieurs siècles entre la monarchie et la féodalité
nobiliaire, cette unité qui, seule, a mis un terme aux
désordres financiers des siècles précédents, détruire
cette unité dont les économistes eux-mêmes, dans leur
enthousiasme bruyant pour la liberté, n'osent mettre
en doute les avantages, c'est vouloir abolir toute
sécurité dans les transactions, toute garantie dans
les échanges.

Un système qui se présente escorté de l'anarchie, de
la banqueroute universelle, de la conservation des priviléges et des monopoles, est donc un système faux et
qui doit être rejeté.

Quant à nous, qui demandons l'unité du système monétaire, l'absolue sécurité dans les transactions, l'abolition des priviléges et la substitution du crédit collectif
au crédit individuel,

Nous repoussons la prétendue liberté des banques ;
nous nions formellement qu'il puisse y avoir un certain
nombre de particuliers qui s'emparent du privilége de
battre monnaie : ce droit appartient à l'état seul, c'est-
à-dire à tous les particuliers.

Mais de ce que nous nions la liberté des banques en tant qu'ateliers de fausse monnaie, il ne s'ensuit pas que nous nions la liberté des banques prêtant des valeurs réelles, des capitaux véritables.

Nous reconnaissons formellement le droit à tous capitalistes de s'associer entre eux en toute liberté, de verser autant de fonds que bon leur semblera et de prêter ces fonds au mieux de leurs intérêts sans aucune entrave qui limite leurs opérations (1).

En un mot, nous admettons LA LIBERTÉ ILLIMITÉE DES BANQUES DE COMMANDITE, à la condition que ces banques ne prêteront que les capitaux versés par leurs actionnaires; mais nous leur nions formellement le droit de créer des capitaux factices, au moyen d'une émission de billets de banque plus considérable que leur mise de fonds.

Le système de la liberté des banques de commandite est la suite obligée de la création de la banque d'état, il en est la conséquence inévitable, et ces trois institutions forment un tout compacte qui résout, selon nous, tout le problème économique de la circulation.

Nous allons résumer l'ensemble de ce système en peu de mots.

1° Création préalable de la banque d'état chargée de monétiser tous les gages, toutes les valeurs et de donner à la société la certitude que tout billet émis par la banque d'état est un vrai numéraire, un véritable capital circulant, puisqu'il est constamment couvert et ga-

---

(1) Nous repoussons donc *a priori* toute taxation de l'intérêt, toute loi contre l'usure, en tant qu'exagération d'intérêt. Bien entendu que l'usure exercée au détriment des mineurs et des incapables, doit demeurer sous le coup de la loi.

ranti par un gage d'une valeur supérieure déposé à la banque d'état.

2° Création spontanée des banques libres de commandite dans lesquelles tout capitaliste, tout possesseur de gages monétisés à la banque d'état, puisse verser ses capitaux pour les prêter ensuite comme bon lui semblera, au mieux de ses intérêts, à la production agricole et manufacturière.

Il n'est pas douteux pour nous que l'institution des banques libres de commandite ne donne tous les avantages faussement attribués par les économistes à la liberté des banques ordinaires, c'est-à-dire abaissement de l'intérêt en toute proportion, diffusion du crédit à tous, s'étendant cette fois très-réellement au travail et au prolétariat. Cette institution satisferait donc aux conditions que nous avons posées au début, à savoir, qu'une réforme ne peut être juste, vraie et radicale qu'à la condition de donner une égale et entière satisfaction aux deux grandes classes de la société : aux possesseurs, aux prolétaires.

Pour prouver ce que nous avançons, examinons donc les effets de la création de la banque d'état, suivie de l'institution des banques libres de commandite.

En premier lieu, tous les capitaux employés aujourd'hui à faire l'usure, l'agiotage, le prêt individuel sur hypothèque, la spéculation et l'accaparement (1), ces nombreux millions qui, au moyen des fonctions parasites rendues inutiles par la banque d'état, absorbent la moitié des produits de la France qu'ils étouffent sous

---

(1) Voir plus loin *le Crédit collectif basé sur gages de produits, ou agences commerciales.*

la trame serrée de leurs gaspillages ; tous ces capitaux, disons-nous, demeurant sans emploi, constitueraient une première et immense masse de capitaux disponibles.

A ces capitaux viendraient se joindre ceux que tout possesseur de gages en immeubles, en produits, en titres industriels, pourrait faire monétiser par la banque d'état.

De telle sorte que la banque d'état, soit en rendant inutiles les fonctions parasites, soit en mobilisant les capitaux engagés, rendrait disponibles tous les capitaux de France.

Il est évident que tous les possesseurs de ces capitaux chercheraient à leur trouver un emploi, un placement.

Or, comme il ne pourrait pas y avoir d'autre emploi que la production ou la création de travaux d'utilité publique, tous les possesseurs de capitaux de France auraient donc à créer, pour trouver l'emploi de leurs capitaux, soit de nouveaux moyens de production, soit de nouveaux travaux d'utilité publique.

Il est facile de concevoir que si chaque capitaliste demeurait isolé, il ne pourrait trouver à lui seul l'emploi de son capital, et faute d'emploi, ou du moins par l'impossibilité de se créer un emploi sûr, la ruine aurait bientôt atteint ce possesseur, son capital serait inutilement englouti, et cette perte se multipliant à l'infini, deviendrait bientôt aussi nuisible à la société qu'à l'individu.

Pour conjurer leur ruine, pour utiliser leurs capitaux, les capitalistes isolés seraient donc forcés de s'unir, de s'associer, soit pour concentrer de plus grandes masses de capitaux afin de pouvoir aborder de grandes entreprises, soit pour s'éclairer mutuellement sur les risques qu'ils auraient à courir dans leurs placements.

Cette union, cette association constituerait ce que nous appelons les banques libres de commandite.

Le nombre de ces banques serait certainement très-considérable par suite de l'affluence des capitaux. Il en résulterait donc nécessairement entre elles une concurrence sans bornes qui amènerait bien réellement cette fois l'abaissement de l'intérêt et la diffusion du crédit. Alors les capitaux à placer étant de beaucoup au-delà des besoins, il arriverait de deux choses l'une : ou les placements qui se présenteraient offriraient aux banques toute espèce de garantie et de sécurité, ou bien cette sécurité, cette garantie seraient hypothétiques et éventuelles.

Il est évident que dans le premier cas les banques recherchant avidement les placements solides, s'empresseraient d'offrir leurs capitaux au rabais à des conditions d'autant meilleures que les garanties seraient plus sûres.

Dans le second cas, où la garantie serait incertaine et où il y aurait des chances à courir, c'est-à-dire toutes les fois qu'il s'agirait d'ouvrir le crédit au travail, au prolétariat n'ayant à offrir aux banques pour leur garantie que leur production future, les banques courant de grandes chances de perte ne pourraient offrir le crédit à des conditions aussi favorables qu'aux placements solides ; il n'est pas permis de douter que s'il y avait suffisamment de placements solides, les banques rejetteraient les placements éventuels ; mais comme les placements solides seraient rares, comme cette rareté amènerait les banques de commandite à se contenter d'un intérêt très-minime ; comme enfin, bon gré mal gré, il faudrait bien que les capitalistes plaçassent leurs capitaux d'une manière quelconque : la première tentative des banques serait d'acquérir de la sécurité.

Or, lorsque les banques auraient à faire crédit au travail, au prolétariat, elles auraient bientôt reconnu que pour en obtenir une aussi grande sécurité que celle offerte par les placements réputés les plus solides, il ne s'agirait que d'associer entre eux les travailleurs, que de les rendre solidaires entre eux.

Les banques seraient donc bientôt amenées par la force des choses, malgré elles-mêmes peut-être, mais guidées par leur intérêt, à devenir les instigatrices de l'association, afin d'obtenir par ce moyen la sécurité des placements ; et du moment que par l'association le travail et le prolétariat offriraient des garanties suffisantes, il est clair qu'ils obtiendraient le crédit à des conditions aussi favorables que les placements réputés plus solides.

De telle sorte que par le fait des banques de commandite les capitalistes, que le mot association fait trembler aujourd'hui, en deviendraient, poussés par leur intérêt personnel à défaut d'un sentiment plus honorable, les ardents préconisateurs et pousseraient à la réalisation avec autant de fougue qu'ils déploient aujourd'hui de mauvais vouloir.

C'est ainsi que les réformes s'enchaînent et que la réalisation de la banque d'état conduirait logiquement, inévitablement, aux acclamations de tous, à la solution des plus grands problèmes des temps modernes.

Nous aurons à revenir plus loin sur cette grande question. Nous démontrerons que non-seulement l'association donnerait la sécurité aux capitalistes, mais qu'elle serait plus avantageuse encore pour eux en devenant un moyen de production économique, ouvrant un débouché illimité aux capitaux encombrés.

LE CRÉDIT COLLECTIF

BASÉ SUR GAGES DE PRODUITS.

AGENCES COMMERCIALES.

Moyen d'abolir l'Accaparement et de se passer de la Spéculation.

> « Tout produit serait un bon gage de cré-
> « dit s'il trouvait un acquéreur.
> « Pour que tout produit trouve un acqué-
> « reur, il faut que tout producteur soit mis,
> « sans faux frais et sans intermédiaires, en
> « rapport direct avec tous les consomma-
> « teurs de son produit.
> « Tout consommateur doit toujours pou-
> « voir acheter à prix de fabrique, et n'être
> « jamais trompé ni sur le prix, ni sur la
> « qualité, ni sur la quantité des produits. »

Après avoir démontré que tout possesseur d'immeubles avait le droit d'obtenir le crédit de la banque d'état, nous avons avancé et soutenu que tout possesseur de produits d'une vente et d'un écoulement faciles avait encore le même droit au crédit que le possesseur d'immeubles.

Nous sommes allé plus loin : nous avons affirmé qu'en même temps que les possesseurs de produits déposés comme gage d'une promesse de payer obtiendraient le crédit, il leur serait possible et même facile, au moyen d'une institution que nous avons intitulée AGENCES COMMERCIALES, de se passer de la spéculation et d'abolir l'accaparement.

Nous allons essayer de prouver ce que nous avons avancé.

Tout possesseur de produits aurait droit, avons-nous dit, d'obtenir le crédit de la banque d'état ; mais c'est à la seule condition que ces produits donneraient à cette banque une garantie complète, une certitude absolue que si la promesse de payer, escomptée par la banque d'état, n'était point payée à son échéance, la banque se couvrirait de ses avances au moyen de la vente des produits déposés en gage.

DONC UN PRODUIT NE PEUT DEVENIR UN GAGE DON-NANT DROIT AU CRÉDIT QU'À LA CONDITION D'ÊTRE D'UNE VENTE ASSURÉE.

Sans certitude de vente, un produit ne peut servir de gage, quelle que soit d'ailleurs sa valeur intrinsèque en matière première ou en main d'œuvre.

Il résulte de ce qui précède que, dès ce moment, il y aurait deux catégories de produits, dont les uns auraient droit au crédit et les autres n'y auraient pas droit.

Les premiers, parce qu'ils sont d'une vente facile, ré-gulière et assurée en tout temps ; les seconds, parce que leur vente est très-hypothétique et soumise aux éven-tualités de la mode ou de l'encombrement.

Ainsi, l'on conçoit immédiatement que les matières premières ou produits naturels, tels que vins, huiles, soies, alcools, laines, coton, chanvre, lin, etc. ; ou bien les produits manufacturés, de consommation journalière et courante, tels que draps, métaux, toiles, étoffes de soie, de laine, de coton ou de lin, savons, sucres, cuirs, suifs, etc., etc., auraient un droit évident au crédit qu'ils trouvent d'ailleurs constamment aujourd'hui dans le commerce privé, puisque les commerçants font, à chaque instant, des avances des trois quarts et plus de la valeur de ces produits.

Mais l'on conçoit aussi que de très-nombreux produits ne pourraient servir de gage solide, tels par exemple que les objets de luxe, de fantaisie, de mode; et pourtant, ces divers produits devraient pouvoir obtenir le crédit, car ils constituent une des branches les plus importantes de la production française, et le plus souvent justement celle où la supériorité nationale est le plus incontestée.

Donc, pour que la banque d'état pût trouver un gage certain dans tout produit, il faudrait deux choses :

1° La consignation des produits destinés à servir de gage, afin que la banque eût toujours sous la main la garantie de ses avances;

2° La certitude que le produit servant de gage trouverait un acquéreur à un prix supérieur à l'avance faite par la banque, dans le cas où le possesseur des produits n'acquitterait pas à l'échéance sa promesse de payer.

En conséquence, et pour obtenir une consignation réelle des produits devant servir de gage au crédit, UN OU PLUSIEURS ENTREPÔTS, DESTINÉS A RECEVOIR EN DÉPÔT LESDITS PRODUITS, DEVRAIENT ÊTRE ANNEXÉS A CHAQUE COMPTOIR DE LA BANQUE D'ÉTAT.

Tout produit devant servir de gage à une promesse de payer y serait déposé jusqu'à parfait acquittement de ladite promesse.

Comme on le voit, la première condition à laquelle un produit devrait satisfaire pour devenir un gage donnant droit au crédit, serait une chose très-facile à réaliser, et si cette condition suffisait seule, tout produit deviendrait un excellent gage; mais il reste la question de la vente qui offre en apparence un plus grand obstacle, et dont nous aurons à nous occuper tout à l'heure.

Toujours est-il qu'un produit d'une vente assurée, tel que ceux que nous avons précédemment énumérés, pourrait parfaitement, par le fait seul de la consignation, devenir un gage suffisant pour obtenir le crédit. Mais, dans ce cas, si nous nous bornions à demander purement et simplement la consignation des produits capables de servir de gage dans l'état actuel des choses, nous ne proposerions point une réforme : nous ne ferions que préconiser un moyen déjà usité ; car de tout temps on a prêté sur consignation ; et tout dernièrement encore, après la révolution de Février, on aurait voulu organiser ce genre d'opérations sur une vaste échelle, et pour cela on avait ouvert les comptoirs et entrepôts nationaux.

Quoi qu'il en soit, le crédit ouvert par la banque d'état au possesseur de produits de vente assurée, serait, nous le reconnaissons, de nature à lui assurer certains avantages.

Ainsi, tout d'abord, il obtiendrait le crédit à des conditions bien plus favorables que par le passé.

En outre, il arrive souvent qu'un possesseur de produits valables comme gage, qu'un producteur a des paiements à faire et se trouve momentanément gêné, tout en étant parfaitement solvable et assuré d'opérer plus tard des rentrées. Lorsque cela arrive aujourd'hui, ce possesseur, quoique solvable, quoique riche peut-être, étant forcé de trouver immédiatement les fonds nécessaires à acquitter sa dette, est obligé, pour se créer des ressources, de vendre son produit coûte que coûte, et d'en sacrifier le prix.

Il est clair que ce possesseur, que ce producteur se trouverait dans une condition bien plus avantageuse, s'il pouvait consigner ses produits pour un certain temps, et contracter sur le dépôt de ce gage, à la banque d'état, un emprunt provisoire qui lui permettrait d'attendre ses rentrées, au moyen desquelles il pourrait rembourser les avances de la banque, redevenant ainsi libre de disposer de ses produits et de les vendre au mieux de ses intérêts sans être obligé de les sacrifier.

Mais le cas que nous venons de citer est le plus rare; le plus souvent le possesseur de produits, presque toujours producteur, ne compte pas sur des rentrées, ses produits font toute sa richesse disponible, et lorsqu'il les dépose, lorsqu'il les donne en gage d'une promesse de payer, il ne peut compter sur d'autre recette que celle devant provenir de la vente même de ces produits.

Or, si un producteur qui emprunterait à la banque d'état sur gage de produits, ne pouvait compter que sur leur vente, afin de pouvoir s'acquitter à l'échéance, il aurait agi comme le fils prodigue : il aurait escompté l'avenir en le sacrifiant au présent.

Car plus l'échéance serait proche, plus les besoins de l'emprunteur deviendraient impérieux ; plus l'obligation de trouver un acquéreur du gage déposé à l'entrepôt de la banque serait brûlante, et plus alors le spéculateur dont la profession consiste, ainsi que nous l'avons déjà dit, à épier les besoins des producteurs, deviendrait exigeant ; plus ses conditions seraient dures et plus enfin les produits lui seraient forcément vendus à vil prix.

De telle sorte qu'au lieu d'avoir reçu un avantage du prêt sur dépôt de produits, l'emprunteur y consommerait sa ruine.

L'expérience a confirmé ce fait, et ce qui s'est passé le lendemain de la révolution de Février à propos des comptoirs et entrepôts nationaux en a fourni une preuve éclatante ; dès cette époque, une crise terrible avait arrêté toutes les transactions.

Le gouvernement provisoire, espérant que cet encombrement n'était qu'un effet momentané de la révolution, supposa qu'il ne s'agissait que de faciliter aux producteurs et commerçants les moyens d'attendre quelques mois.

Il chercha alors, dans ce but, une combinaison qui permît de leur faire quelques avances avec toute garantie et toute sécurité. Il pensa que cette garantie solide devait être la consignation des produits; il décréta donc l'ouverture d'entrepôts annexés aux comptoirs nationaux, créant ainsi une espèce de mont-de-piété à l'usage des possesseurs de produits.

Un jury d'expertise devait constater la bonne qualité et la valeur des produits déposés, et d'après l'avis des experts, les comptoirs nationaux étaient censés pouvoir faire des avances de fonds remboursables à une échéance déterminée.

Sans doute des avances eussent pu être faites si les consignataires de produits avaient été solvables, s'il leur avait été possible, en dehors de la valeur des produits déposés, de faire face à leurs engagements envers les comptoirs nationaux, ou bien encore si la vente des produits envoyés comme gage avait pu être effectuée avant l'échéance.

Malheureusement, les dépositaires étaient presque tous dans la dernière détresse, et les produits ne se vendaient pas. Or, ainsi que nous l'avons dit, les produits n'ayant de valeur, en tant que gage, qu'à la condition de trouver acquéreur, les comptoirs nationaux, comprenant le piége dans lequel ils allaient tomber, refusèrent de faire des avances.

De telle sorte que les entrepôts nationaux et le prêt sur consignation de produits, à quelques exceptions près, ne furent qu'une illusion sans utilité réelle.

Il résulte de ce fait que le prêt sur simple dépôt de produits ne peut être utile que dans quelques circonstances très-rares, c'est-à-dire quand les produits sont réellement d'une vente assurée et lorsque les emprunteurs sont assez riches pour n'avoir pas besoin de vendre le gage de leur emprunt afin de s'acquitter à l'échéance. Dans tous les autres cas, le prêt sur simple dépôt deviendrait inutile, sinon désastreux.

Il est donc de toute évidence que pour mettre réellement et effectivement le crédit à la portée de tous les possesseurs de produits, c'est-à-dire pour que la banque pût escompter les promesses de payer à une seule signature, mais gagée par des produits de toute espèce, il faudrait de toute nécessité fournir aux possesseurs de ces produits les moyens de les vendre, ou tout au moins leur en faciliter la vente. Heureusement rien n'est plus facile.

En effet, pour qu'un produit puisse se vendre, il faut que quelqu'un en ait besoin, il faut que le consommateur de ce produit existe.

En outre, il est de toute nécessité que ce produit soit de bonne qualité, et enfin qu'il soit offert à l'acquéreur au plus bas prix possible.

Avec ces trois conditions, tout produit sera assuré de trouver acquéreur.

Or, pour connaître si ce produit correspond à un besoin, s'il peut être assuré de trouver un acquéreur, il n'est pas de moyen plus sûr que de mettre ce produit en face des consommateurs.

Pour cela faire, il suffirait :

1° D'établir partout où le besoin pourrait s'en faire sentir des entrepôts ou agences commerciales dans lesquels seraient déposés les produits destinés à servir de gage à la banque d'état ;

2° D'autoriser chacun de ces entrepôts à établir un bazar dans lequel seraient exposés les produits déposés comme gages de crédit, et à ouvrir ces bazars au public ;

3° D'autoriser les agences commerciales ou entrepôts à échanger entre elles les produits qui y seraient déposés, toutefois en se conformant dans ces échanges aux ordres et instructions du dépositaire;

4° D'exposer publiquement dans les bazars, non-seulement les produits déposés sur les lieux mêmes de la production, mais encore ceux qui seraient expédiés par les autres agences correspondantes ;

5° D'autoriser les agences ou entrepôts à vendre les produits exposés au public, au prix marqué sur les produits eux-mêmes par celui qui les aurait donnés en gage.

De telle sorte que les agences et entrepôts établis dans toutes les villes, puis dans tous les cantons de France, deviendraient des maisons de consignation publiques, sous la surveillance générale de tous les citoyens ; si bien que comme il pourrait y avoir en France un grand nombre de ces agences ou magasins publics de consignation, il en résulterait que tout producteur pourrait faire mettre ses produits en vente à son choix sur tous les points de la France.

La comparaison entre ce qui se passe aujourd'hui et ce qui se passerait si l'on organisait les agences commerciales, suffira pour démontrer les avantages incalculables que la production et la consommation doivent attendre de cette institution.

Supposons qu'il s'agisse de la production des vins.

Le vin se produit dans le midi, il se consomme dans le nord : il faut donc que le vin arrive sur les lieux de consommation.

Ce sont aujourd'hui la spéculation et l'accaparement qui se chargent de cette évolution, car le producteur de vin ne peut l'accomplir lui-même, en premier lieu, parce qu'il a besoin d'argent et qu'il ne peut attendre le moment de la consommation; en second lieu, parce qu'il ne connaît pas le consommateur et qu'il ne peut envoyer ses marchandises au hasard, à des intermédiaires qu'il ne connaît point, et dont l'intervention se résoudrait en laissés pour compte, faux frais exorbitants, faillites, auxquels se joindraient le plus souvent la fraude et la falsification.

De telle sorte que la spéculation et l'accaparement, exploitant les besoins impérieux d'argent des producteurs et leur ignorance de la consommation, achètent le vin à vil prix au moment de la récolte, à si vil prix que le producteur de vin, qui ne peut attendre, se voit forcé de livrer son produit au-dessous du prix de revient.

Non-seulement la spéculation et l'accaparement dépouillent le producteur et le consommateur en exploitant leur ignorance et leur besoin d'argent, mais encore ils achèvent de les ruiner, en opérant la fonction intermédiaire entre la production et la consommation, d'une manière si onéreuse, en surchargeant le prix des produits d'une masse de faux frais si exagérés et si peu motivés, que ce prix s'accroissant sans mesure, la consommation se trouve paralysée, le consommateur ne peut plus consommer, parce que la cherté des produits, trop grande pour ses faibles ressources, les tient hors de sa portée.

Il y a donc en France trente-cinq millions d'hommes qui souffrent et périssent faute de consommer, au moment même où le producteur voit ses magasins encombrés de produits qu'il ne peut vendre, parce que la spéculation et l'accaparement trouvent le moyen, par leur intervention, d'empêcher la consommation.

En conséquence, puisque le producteur a besoin de vendre,

Puisque le consommateur a besoin d'acheter,

Quoi de plus simple que de les faire aboucher ensemble, que de les mettre en rapport direct ?

Et dans le cas qui nous occupe :

Puisque le vin se produirait dans le midi ;

Puisque le consommateur se trouverait dans le nord;

Puisque dans le midi, il y aurait un entrepôt où le pro-ducteur viendrait déposer ses produits en gage pour obtenir le crédit ;

Puisque dans le nord, il y aurait également un entre-pôt en correspondance directe d'échange avec l'entrepôt du midi ;

Puisque, par ce fait de l'échange entre les entrepôts, les vins arrivés dans le nord seraient exposés publique-ment aux conditions stipulées par le producteur lui-même ,

Il est clair que le producteur de vins , au lieu de de-mander le crédit individuel au spéculateur; au lieu, dans son ignorance des besoins de la consommation, de le charger de la fonction intermédiaire , laquelle aboutit à ce résultat honteux que le consommateur du nord paie une bouteille de vin 3 fr. qui a été vendue 50 cent. par le producteur du midi, sans compter que le plus sou-vent ce vin est falsifié; il est clair, disons-nous, que le producteur demanderait le crédit à la banque d'état; qu'il déposerait ses vins en gage, et qu'alors, assuré de n'être point trompé, de n'avoir à subir ni faillites, ni rabais ni laissé pour compte; que connaissant parfaitement les lieux de consommation, il y ferait expédier ses produits pour y être offerts au consommateur avec toute espèce de garanties.

Or, comme le consommateur trouverait, par ce moyen, à acheter les vins à prix de producteur, et qu'il ne crain-drait plus la fraude, il est évident qu'il achèterait.

De telle sorte que le producteur et le consommateur, ayant établi des rapports directs et sans intermédiaires, se partageraient toutes les sommes prélevées aujourd'hui par la spéculation et l'accaparement; le producteur ven-drait ses produits plus cher, le consommateur les paierait moins cher; tous deux accroissant ainsi leur faculté de produire et de consommer, il se trouverait alors que les agences commerciales, que les magasins publics de consignation, non-seulement auraient facilité la vente en mettant directement en rapport le producteur et le consommateur, mais bien plus, auraient élargi et doublé les acquisitions de produits par suite de l'économie apportée dans les relations.

Or, la consommation s'accroissant sans limites, la vente devenant assurée par le fait de cet accroissement de consommation, tout producteur étant mis, sans faux frais, en rapport direct avec tous les consommateurs, et tous les produits de qualité garantie, se vendant à des prix complétement débarrassés de toutes les surcharges qui proviennent aujourd'hui des gaspillages et de la multiplicité des rouages de la spéculation et de l'accaparement, il en résulterait indubitablement qu'à peu d'exceptions près, tous les produits, assurés d'une vente certaine, deviendraient d'excellents gages de crédit.

C'est ainsi que les entrepôts nationaux, créés après février d'après un sentiment juste mais incomplet, demeurés depuis sans utilité et sans emploi, donneraient, par le seul fait de la facilité d'échanger entre eux les produits déposés comme gage de crédit et de les présenter au public consommateur, des bénéfices incalculables à la production et à la consommation. Tout d'abord en rendant tous les produits capables de devenir un bon gage de crédit par suite de leur vente devenue assurée, et surtout en affranchissant la production et la consommation de tout ce qu'elles paient actuellement aujourd'hui à la spéculation et à l'accaparement.

Afin de rendre plus palpable le système des agences commerciales, nous soumettons au lecteur un projet de statuts qui, étudié avec attention, suppléera, nous l'espérons, tout ce que nous pourrons avoir omis dans un travail aussi rapide (1).

---

(1) Voir, pour de plus amples détails, la *Réforme du crédit et du commerce*, librairie sociétaire, quai Voltaire, 25, à Paris, par François Coignet.

STATUTS DES AGENCES COMMERCIALES.

CHAPITRE PREMIER.

ARTICLE 1er.

Dans toutes les villes de l'intérieur et de l'extérieur, il sera créé une agence commerciale.

Cette création n'aura lieu que sur ordonnance du gouvernement.

ART. 2.

Cette agence commerciale se subdivisera :
1° En entrepôt ;
2° En comptoir ;
3° En magasin ou bazar.

ART. 3.

Toutes les fois que cela sera nécessaire, eu égard à la localité ou à la population, ces agences seront établies par catégories, telles que : agences des soieries, des vins, des grains, des épiceries, des huiles, des lainages, des cotonnades, etc., etc.

CHAPITRE II.

De l'Entrepôt.

ART. 4.

L'entrepôt a pour but de recevoir toutes les marchandises qui y seront déposées (sauf le cas de danger ou de conservation impossible) aux conditions suivantes :

Chaque colis, paquet, fût ou pièce d'étoffe, portera une étiquette et sera accompagné d'une déclaration signée par le dépositaire, portant l'une et l'autre :

1° Le nom du fabricant ou consignataire ;
2° Le nom de la ville où se fera la consignation ;
3° La désignation ou la qualité de la marchandise ;
4° Le poids ou la mesure ;
5° Le prix auquel le consignataire veut vendre.

ART. 5.

Au moment où le dépositaire de produits opérera ce dépôt, il déclarera si les produits déposés sont ou non déjà vendus.

S'ils le sont, il devra fournir la preuve de la vente en soumettant la commande au jury d'expertise.

ART. 6.

Le gérant de l'entrepôt, assisté d'un jury d'expertise spécial pour chaque qualité de marchandise, s'assurera que le produit consigné est bien conforme à la déclaration ;

Et en cas de déclaration de la part du déposant d'une vente préalable, il s'assurera, en outre, si le produit est bien conforme à la commande.

ART. 7.

Il en dressera un procès-verbal signé par lui et par les experts, lequel sera tiré en nombre égal au nombre des colis. Ce procès-verbal rapportera, dans le plus grand détail, la déclaration du dépositaire.

Si le produit déposé est déjà vendu, le dépositaire aura à fournir la preuve authentique du prix de vente; ce prix, en cas de vente, sera porté au procès-verbal.

Dans le cas, au contraire, où le produit ne serait pas vendu, les experts, après avoir consigné sur le procès-verbal le prix marqué par le dépositaire, estimeront la valeur intrinsèque du produit déposé, et ils insèreront également, dans ce procès-verbal, le chiffre de leur estimation.

Une copie du procès-verbal, signée par les experts, sera remise au dépositaire.

ART. 8.

Suivant l'ordre du consignataire, le gérant de l'entrepôt sera chargé, soit de déposer la marchandise au bazar de l'entrepôt lui-même où aura été faite la consignation, soit de l'expédier aux agences commerciales correspondantes, toutefois en faisant accompagner chaque colis d'une copie du procès-verbal d'expertise.

ART. 9.

Dans le cas où le consignataire le demandera, le gérant de l'entrepôt prélèvera des échantillons des produits déposés, lesquels seront expédiés aux agences commerciales correspondantes, en joignant à chaque échantillon une copie du procès-verbal d'expertise.

CHAPITRE III.

Du Comptoir.

ART. 10.

Le gérant du comptoir donnera à tout consignataire, en échange du procès-verbal portant l'estimation du jury d'expertise, un récépissé dans lequel se trouvera la déclaration que le consignataire a faite en déposant la marchandise, ainsi que le montant estimé par les experts; ce récépissé sera signé par le directeur en chef, et portera le nom des experts, conformément au modèle suivant :

——————————— (Nº 1806.) ———————————

Paris, le 15 septembre 1818.

Montant de l'expertise, 1,000 *francs.*

Le sieur Paul, fabricant de châles, rue Saint-Pierre, a consigné ce jour vingt-cinq châles en laine et soie, marqués en total quinze cents francs. Les experts les admettent pour le chiffre de mille francs.

Signé : *Les experts des châles,*

| JACOB.
LÉON.
JOSEPH. | AGENCE
DES CHALES
de Paris.
(1806.) | LOUIS.
Signé : *Le directeur de l'agence commerciale,*
ROBERT. |

ART. 11.

Le présent récépissé sera librement transmissible par voie d'endossement, conformément au montant de l'estimation du jury d'expertise.

ART. 12.

Lorsque la marchandise sur le dépôt de laquelle il aura été délivré un récépissé aura été vendue et le montant encaissé, le gérant du comptoir n'opèrera le remboursement au consignataire qu'après la réintégration du récépissé.

ART. 13.

Toutefois, dans le cas où le récépissé ne pourrait être immédiatement réintégré, le gérant du comptoir ne paiera au consignataire que la différence entre le prix de vente de la marchandise consignée et le montant d'estimation fixé par le jury d'expertise.

Dans ce cas, la somme retenue, c'est-à-dire le montant du récépissé, sera payée au porteur aussitôt que le récépissé sera présenté.

ART. 14.

En cas de non réintégration du récépissé par le consignataire, le gérant du comptoir donnera la plus grande publicité, soit par voie d'affiches, soit par voie de journaux, aux numéros des récépissés qui peuvent être présentés au remboursement.

ART. 15.

Le gérant du comptoir ouvrira un compte particulier à chaque consignataire, à l'avoir duquel seront portés :

1° Le montant des marchandises déposées conformément à l'estimation des experts ;

2° Les sommes reçues lors de la vente des produits consignés.

Le débit se composera :

1° Des frais de soins et d'entretien réel que nécessitera la conservation des marchandises consignées;

2° De la remise du récépissé, suivant le montant du jury d'expertise ;

3° Des sommes qui auront été payées soit au consignataire lui-même, soit au porteur du récépissé.

Art. 16.

Il fera les encaissements provenant de la vente des marchandises consignées pour le compte des consignataires.

Art. 17.

Chaque comptoir aura pour fonction d'entrer en correspondance avec toutes les autres agences commerciales ; il leur indiquera régulièrement, par circulaires, quelles sont les existences de marchandises en entrepôt, et quels sont les besoins qu'il pourrait avoir de toute autre espèce de marchandises.

Art. 18.

Il règlera les comptes ouverts avec toutes les autres agences correspondantes.

Art. 19.

Le gérant du comptoir donnera la plus grande publicité, par voie d'affiches et de journaux, à toutes les opérations de l'agence commerciale et à tous les renseignements qui pourront être utiles à la circulation des produits et à la fabrication, ainsi qu'aux besoins et aux existences des marchandises dans les agences commerciales, afin de mettre, par ce moyen, le producteur dans le cas d'équilibrer sa production avec la consommation et avec les besoins.

CHAPITRE IV.

Du magasin ou bazar.

Art. 20.

Le magasin ou bazar sera constamment ouvert au public; une exposition permanente, avec affichage des procès-verbaux, y sera faite des marchandises ou échantillons.

Art. 21.

Le gérant du bazar et les employés sous ses ordres auront soin de disposer ces marchandises ou échantillons de la manière la plus convenable, pour que le public puisse facilement connaître toutes les existences. Cette exposition sera faite sans aucune partialité.

Art. 22.

Les marchandises seront toujours vendues sous corde. On ne pourra détailler les fûts, colis ou paquets déposés par les consignataires. Tout acheteur, en prenant livraison, sera tenu de signer sur un registre qu'il a pris connaissance du procès-verbal.

Art. 23.

Le gérant et ses employés seront chargés de l'entretien et du soin des produits mis en vente; les frais qui en résulteront seront au compte du consignataire.

Art. 24.

Toutes les ventes, sans exception, seront opérées au comptant.

Art. 25.

Toutes les ventes seront opérées au prix marqué par le consignataire en y ajoutant :
1° Les frais de transport ;
2° Les frais de commission.
Ces frais de commission seront destinés :
1° A couvrir les frais des agences commerciales ;
2° A procurer à l'état une recette ou impôt frappant les produits à leur entrée en consommation.
Le chiffre de la commission sera donc promulgué par les pouvoirs de l'état.

Art. 26.

Le chiffre de commission sera classé selon la nature des produits : en brut, matière première, produits manufacturés, produits de luxe ou de première nécessité.

Art. 27.

Le taux de cette commission devra être le même dans toutes les agences commerciales.

Art. 28.

Le taux des commissions à percevoir par l'agence sera fixé et publié de six en six mois.

Il nous est impossible, dans un cadre aussi restreint, de faire ressortir tous les avantages de cette institution; c'est à la sagesse du lecteur à suppléer ce que nous ne pouvons dire.

Toutefois, avant de donner quelques exemples destinés à bien faire comprendre ce mécanisme commercial, nous devons signaler à l'attention un fait important.

C'est que lorsqu'un producteur aurait déposé ses produits à l'agence commerciale et qu'il aurait reçu le récépissé que nous avons décrit plus haut, il n'aurait qu'à déposer ce récépissé au comptoir de la banque d'état situé dans son arrondissement, et la banque pourrait immédiatement lui faire l'avance du montant fixé par l'expertise, moyennant l'intérêt ordinaire de la banque.

Prenons maintenant deux exemples, l'un dans l'agriculture, l'autre dans la manufacture.

Supposons, en ce qui concerne l'agriculture, que le sieur Paul, producteur de vin de l'Ermitage, ait dans ses caves dix pièces de vin.

Supposons qu'il veuille obtenir le crédit, d'abord en donnant pour gage ses dix pièces de vin, et qu'il veuille ensuite en opérer la vente.

Il mettra donc sur chaque futaille :

Son nom,

Le nom du crû,

L'année de la récolte,

Le contenu de la futaille,

Le prix auquel il veut vendre.

Il amènera ses dix pièces de vin à l'agence commerciale de l'Ermitage.

Les experts de vins constateront si le vin est bien conforme à la déclaration ; dans ce cas, ils en dresseront un procès-verbal, ils feront une estimation de la valeur du vin et en donneront à Paul un récépissé, sur le dépôt duquel la banque lui fera une avance conformément à l'estimation, avance qui permettra à Paul d'attendre le moment favorable à la vente.

Les employés de l'entrepôt prélèveront des échantillons du vin déposé ; ils y joindront une copie du procès-verbal, et ils expédieront ces échantillons aux agences correspondantes de New-Yorck, Londres, Saint-Pétersbourg, Paris, Lille, Strasbourg, etc.

Ces agences correspondantes exposeront ces échantillons et ces procès-verbaux dans leurs bazars, de telle sorte que tout consommateur de ces villes, sans se déranger, pourra acheter du vin à prix de propriétaire, avec toute certitude de n'être trompé ni sur le prix, ni sur la qualité, ni sur le crû.

Ce qui se passerait ici pour le vin se passerait de la même manière pour toute autre denrée : huile, soie, chanvre, blé, lin, etc., etc.

Prenons pour exemple, dans la manufacture, un fabricant de draps.

André, fabricant de draps à Vienne, a dix pièces de drap à vendre ; il met sur chacune d'elles une étiquette portant :

Son nom,

Le nom de la ville où se trouve la manufacture,

La désignation de la qualité du drap,

Son aunage en largeur et en longueur,

Et enfin le prix auquel il veut le vendre,

Il apportera ses dix pièces de drap à l'entrepôt de Vienne ; les experts de draps de l'agence de Vienne examineront si ce drap est bien conforme à l'échantillon ; s'il l'est, ils le recevront à l'entrepôt ; dans ce cas, ils en

estimeront la valeur et en donneront à André un récépissé, sur le dépôt duquel ce fabricant obtiendra immédiatement à la banque d'état une avance conforme à
l'estimation des experts.

La direction de l'agence commerciale de Vienne prélèvera des échantillons de chaque pièce de drap, et elle
expédiera ces échantillons aux agences de l'intérieur ou
de l'étranger où pourra se trouver la consommation.

Chaque échantillon sera accompagné d'une copie du
procès-verbal, et toutes les agences qui en recevront
annonceront leur arrivée dans les journaux et les exposeront dans les bazars.

De telle sorte que tous les consommateurs ayant sous
les yeux des échantillons de produits expertisés, pourront acheter sans crainte d'être trompés, et ils achèteront
à prix de fabrique, puisqu'André, le fabricant, aura mis
son nom et son prix sur les pièces de drap.

Cet exemple peut servir pour tous les produits manufacturés quels qu'ils soient ; car ce qui se passerait pour
le drap se passerait pour toute autre marchandise.

LE GOUVERNEMENT NE DOIT FAIRE NI LA BANQUE NI LE COMMERCE.

Avant d'aller plus loin, nous devons nous empresser de courir au-devant d'une objection que la légèreté, l'ignorance ou le mauvais vouloir ne manquerait pas de nous faire; objection qui serait de nature, si nous ne la réfutions d'avance, à jeter quelques doutes sur l'excellence théorique et pratique de la banque d'état et des agences commerciales.

Cette objection, qui, d'ailleurs, nous a déjà été faite, est celle-ci :

Puisque vous demandez une banque d'état, puisque à chaque comptoir et sous-comptoir de cette banque vous voulez annexer un entrepôt ou agence commerciale, puisque ces agences doivent opérer la vente au consommateur des produits déposés, vous demandez donc que le gouvernement fasse la banque et le commerce.

Mais si le gouvernement fait le commerce et la banque, c'est attenter à la liberté, et, dans ce cas, que feront donc les particuliers ?

S'il fait la banque et le commerce conformément à son habileté ordinaire, nous voilà plongés dans un abîme de maux dans lequel ce qui reste de liberté et de vie à la France viendra périr.

Si le gouvernement fait la banque, il sera incapable de discerner la validité des gages, ou bien, il ouvrira le crédit trop facilement, et dans ce cas, il conduira à la ruine et la banque et la France; ou bien, au contraire, s'il fait tant que d'être sévère, il le sera tellement que la plupart des gages ne seront point jugés dignes d'obtenir le crédit.

Donc, le gouvernement ne peut ni ne doit faire la banque; et proposer une banque d'état, c'est aller contre les lois de la science, contre le bon sens; c'est renouveler les projets d'organisation du travail; c'est faire du communisme et du socialisme, et comme conclusion, LES PARTICULIERS SEULS PEUVENT ET DOIVENT FAIRE LA BANQUE.

Si le gouvernement fait le commerce, le mal deviendra bien plus grand encore.

En effet, que le gouvernement achète les produits pour son compte et qu'il soit le seul qui puisse les acheter; qu'il les vende ensuite au consommateur, et aussitôt s'établit un effroyable monopole, au moyen duquel le gouvernement rançonnera impitoyablement la production et la consommation; et bientôt la France, soumise au régime de l'Egypte, au lieu de citoyens français ne comptera plus que des fellahs, tremblants sous la verge des commerçants d'état.

Que le gouvernement fasse le commerce, et c'est la constitution de la féodalité financière et industrielle; car, suivant l'usage, il ne fera le commerce que pour le compte et en faveur d'une petite coterie de financiers qui, par ce moyen, absorberont toutes les ressources du pays.

Tout cela serait vrai en effet si le gouvernement faisait le commerce et la banque.

Non, les gouvernements ne doivent faire ni la banque ni le commerce. Mais aussi nous n'avons point dit banque du gouvernement, agences commerciales du gouvernement; nous avons dit: banque d'état, agences de l'état.

Et, nous ne saurions trop le répéter, par le mot état nous entendons la collectivité tout entière des citoyens français.

Donc, banque d'état, agences d'état, veulent dire : banque et agences de tous les particuliers de France.

Et en effet, au moyen de la banque d'état et des agences commerciales, ce ne seraient ni le gouvernement, ni quelques particuliers qui feraient le commerce et la banque, mais bien la société tout entière.

Mais ce seraient tous les possesseurs de gages et de valeurs qui feraient la banque.

Mais ce seraient tous les producteurs et tous les consommateurs qui feraient le commerce.

Or, nous ne craignons pas d'affirmer que si quelques particuliers capitalistes font mieux et plus sûrement la banque et le commerce que le gouvernement, tous les particuliers réunis feraient mieux l'un et l'autre que quelques-uns.

D'ailleurs, la banque d'état et les agences commerciales n'agiraient plus de la même manière que le crédit individuel, ou que la spéculation et l'accaparement.

La banque d'état n'escompterait pas des valeurs hypothétiques, et ne donnerait pas le crédit sans être assurée du remboursement.

La banque d'état ne prêterait point, ne commanditerait point, n'interviendrait point dans l'industrie, dans la production : toutes ses opérations se borneraient à recevoir des gages de valeur supérieure à celle des promesses de payer, et à délivrer des certificats, sous forme de billets de banque, qui constateraient que celui qui emprunte, qui promet de payer, est parfaitement à même d'acquitter sa promesse, non-seulement par son travail, par son industrie, par sa moralité, par sa solvabilité, mais, ce qui serait plus assuré encore, par le nantissement qu'il fournirait en un gage d'une valeur supérieure à sa promesse.

La banque d'état ne serait donc pas autre chose qu'un hôtel des monnaies analogue à l'hôtel des monnaies actuel; seulement, au lieu de faire de la monnaie avec de l'or, la banque d'état en ferait avec les gages déposés.

Et de même qu'il serait impossible de faire de la monnaie d'or sans or, il serait impossible à la banque d'état de faire de la monnaie de gages sans gages.

Donc, sans gages, point de monnaie, point de crédit (1).

Si la banque d'état donnait à un emprunteur ses certificats, ses billets de banque, sans être garantie par un gage, alors seulement elle serait la banque, car elle interviendrait dans la production, elle ferait la commandite, elle courrait des chances de perte; ses billets ne seraient plus le signe représentatif certain d'une valeur

---

(1) Puisque sans gage, suivant nous, la banque d'état ne pourrait donner le crédit, il en résulterait que le prolétaire serait complétement exclu de ses avantages, que le possesseur seul en profiterait; la banque d'état ne satisferait donc pas à cette condition que nous avons posée au début, à savoir qu'une réforme ne serait juste, vraie et applicable qu'à la condition d'être également avantageuse pour toutes les classes de la société; il faudrait donc dans le cas présent que la banque d'état pût ouvrir le crédit au prolétariat comme à la possession.

Nous avons répondu à cette objection en démontrant que la banque d'état ne ferait pas crédit; elle ferait de la monnaie et pas autre chose; or, le bon sens indique que pour faire de la monnaie, il faut bien avoir une valeur métallique ou autre; on ne peut faire une monnaie avec rien, tout le monde la refuserait, témoin les assignats.

Nous espérons, avant de terminer, prouver que la nécessité de fournir un gage, pour obtenir en échange le numéraire créé par la banque d'état, serait aussi favorable au prolétariat qu'à la possession, par ce fait que le premier résultat de la création de la banque d'état et des agences commerciales serait de mettre tout prolétaire à même de posséder un gage, ce qui immédiatement lui permettrait d'obtenir le crédit de la banque d'état et de participer à tous les avantages qu'elle pourrait offrir.

authentique et supérieure, et alors cesserait le droit à la confiance, tout porteur d'un billet de banque ne se sentant plus assuré par la possession d'un de ces billets d'en posséder la valeur ; de là une dépréciation inévitable, bientôt suivie de la chute de la banque.

Il ne peut en être ainsi : la banque d'état serait un être immuable, elle serait un immense office de notaire, qui enregistrerait les actes, mais qui ne les créerait pas de toutes pièces sans qu'il y eût eu, au préalable, des transactions.

Et non-seulement le gouvernement ne ferait pas la banque au moyen de la banque d'état, mais il n'attenterait point à la liberté ; car ne viendraient à la banque que ceux qui le voudraient bien, et la liberté la plus absolue resterait à ceux qui ne voudraient pas le crédit de la banque.

Le gouvernement ne ferait pas plus le commerce par les agences commerciales qu'il ne ferait la banque par la banque d'état ; car les agences commerciales n'achèteraient ni ne vendraient les produits pour leur propre compte ; elles ne deviendraient responsables d'aucune opération.

Tout serait fait par les particuliers. Le producteur apporterait en toute liberté ses produits à l'agence, sans y être contraint ; il en demeurerait propriétaire et par conséquent demeurerait responsable ; lui seul donnerait à l'agence les ordres et les instructions pour l'expédition et la vente des produits ; lui seul fixerait les prix et conditions ; de telle sorte que l'agence ne serait qu'un fidèle serviteur se conformant en tout aux volontés du producteur ;

Sauf pourtant à la perpétration du mensonge, de la fraude, de la falsification.

Puis ensuite, ce serait le consommateur qui, en toute liberté, viendrait examiner les produits mis en vente, et qui n'achèterait que si les prix et conditions stipulés par le producteur étaient à sa convenance.

Comme on le voit, de cette manière les agences commerciales ne feraient point le commerce; elles ne spéculeraient pas, elles n'accapareraient pas: toute leur intervention consisterait à mettre directement en rapport le producteur et le consommateur.

Tout le mérite des agences commerciales serait de faciliter ces rapports, de simplifier le mode actuel si vicieux de circulation, et de dégrever le prix des produits de tous les frais inutiles.

En conséquence, producteurs et consommateurs ne se serviraient des agences commerciales que comme d'un véhicule de circulation; ces agences seraient pour eux un terrain neutre où chaque produit serait assuré de trouver un acquéreur, où chaque consommateur serait assuré de trouver les produits dont il pourrait avoir besoin, au prix de fabrique et avec garantie complète.

Les agences commerciales seraient à la société ce que le système veineux est au corps humain : un organe de circulation ; les producteurs y verseraient leurs produits qui seraient ensuite portés à la consommation par des milliers d'aboutissants.

Nous croyons en avoir assez dit pour prouver que par l'établissement de la banque d'état et des agences commerciales, le gouvernement ne ferait ni le commerce ni la banque : nous devons donc espérer que cette objection ne nous sera plus opposée.

LE GOUVERNEMENT DE TOUS

PAR TOUS.

LE GOUVERNEMENT DE TOUS

PAR TOUS.

LE POUVOIR EXÉCUTIF AU GOUVERNEMENT NOMMÉ PAR
L'ASSEMBLÉE LÉGISLATIVE.

LE POUVOIR LÉGISLATIF A L'ASSEMBLÉE LÉGISLATIVE NOMMÉE
AU SUFFRAGE DIRECT, UNIVERSEL ET NON RESTREINT.

LE POUVOIR CONSULTATIF ET LE POUVOIR ADMINISTRATIF
AU PEUPLE DANS SES ASSEMBLÉES COMMUNALES,
CANTONALES, DÉPARTEMENTALES ET NATIONALES.

« Ce n'est rien que d'être attaqué : l'important
« est d'être défendu.
              « Louis-Philippe. »

« Il n'est plus possible de gouverner sans les
« masses : il faut donc les organiser.
          « Louis-Napoléon Bonaparte. »

« Si on nous donnait le pouvoir, qu'en fe-
« rions-nous ?   De Flotte. »

Nous venons d'exposer un système économique complet, embrassant la circulation tout entière ; nous
croyons que, dans l'esprit de nos lecteurs, il ne reste
plus un seul doute sur la possibilité d'enrichir la production et la consommation des sommes incalculables

indûment prélevées par l'usure, l'agiotage, le prêt individuel sur hypothèque, la spéculation, l'accaparement, le trop grand nombre de fonctionnaires, l'exagération des faux frais, et de les faire jouir de tous les avantages provenant du commerce véridique, sans fraudes, sans faillites, sans procès.

Évidemment, tant de bienfaits constitueraient une solution du problème social, au moins dans le temps présent. Le prolétaire y trouverait la hausse des salaires, l'abaissement du prix des produits, l'éducation et le bien-être par lesquels il arriverait bientôt à la possession.

Le possesseur y trouverait le repos, la sécurité, la conservation de ce qu'il possède, le maintien de ce qui est légitime dans l'exercice de ses droits.

Tant d'avantages réunis, opérant la conquête de l'opinion, devraient amener une réalisation immédiate.

L'immense majorité des producteurs et des consommateurs y trouvant une complète satisfaction, il semblerait qu'il ne s'agit que de vouloir créer ces institutions pour le pouvoir.

Hélas ! il n'en est rien. L'évidence de leur bonté, de leurs résultats, ne suffit pas. C'est en vain que l'agriculture y trouverait les capitaux qui lui manquent, qu'elle obtiendrait à des prix avantageux l'écoulement de ses produits, qu'elle échapperait aux extorsions de l'usure sous toutes les formes.

C'est en vain que la manufacture y trouverait l'abolition du chômage, des faillites et encombrements périodiques ; qu'elle y trouverait la hausse des salaires et le bien-être pour tous.

C'est en vain que producteurs et consommateurs échapperaient aux spoliations de la spéculation et de l'accaparement.

Les choses demeurant ce qu'elles sont aujourd'hui, il

n'est point possible de réaliser la banque d'état, les agences commerciales, ni la liberté des banques de commandite.

Un obstacle jusqu'à ce jour invincible s'oppose à la réalisation.

Cet obstacle est la coalition des priviléges.

C'est toujours le même obstacle qui, depuis l'origine du monde, s'est opposé à tout progrès; c'est lui qui a fait boire la ciguë à Socrate, qui a crucifié Jésus-Christ; c'est lui qui a torturé Galilée; c'est lui, enfin, qui, de nos jours, a enfanté la réaction, et qui a soulevé tous les préjugés, toutes les haines, pour écraser le principe chrétien de justice, d'équité, pour écraser le principe démocratique.

Pour réaliser ces réformes, il faut vaincre les priviléges; tant qu'on ne les aura pas vaincus, il n'y aura rien à faire.

Un seul moyen existe : c'est la contre-coalition de tous ceux qui ont intérêt aux réformes; de tous les producteurs et de tous les consommateurs, à opposer à la coalition des priviléges et des monopoles.

Mais cette contre-coalition est tout entière à créer; rien n'existe.

Les privilégiés, s'appuyant sur l'autorité, quelle qu'elle soit, ont soigneusement mis en pratique l'axiome de Machiavel : *Il faut diviser pour régner;* et, en effet, la société est tellement morcelée, tellement divisée, qu'une infime minorité de privilégiés trouve dans cette division la puissance d'asservir l'immense majorité.

C'est en vain que la production tout entière appelle les réformes à grands cris; c'est en vain que les populations, accablées, tendent leurs bras épuisés pour demander le soulagement de leurs maux : leurs cris sont sans échos, leurs plaintes sont sans résultats ; nul ne répond, et toujours le privilège continue ses exactions.

Et pourtant, s'il est une chose incontestable aujourd'hui, c'est la nécessité d'opérer des réformes assez radicales, assez profondes, pour donner satisfaction à tous les intérêts, à tous les droits légitimes, afin de mettre un terme aux haines qui divisent les diverses classes de la nation et de ramener la paix et la bonne harmonie entre tous les membres de la société.

Sauf une infime minorité de privilégiés, tout le monde est convaincu de cette nécessité, le peuple entier réclame les réformes. Propriétaires, prolétaires, agriculteurs, manufacturiers, patrons et ouvriers : tous succombent sous leurs maux et appellent ces réformes à grands cris.

Il semblerait, à première vue, que rien n'est plus facile que de donner satisfaction à des vœux aussi légitimes et aussi unanimes ; il semblerait qu'il ne s'agit que d'avoir à la tête des affaires un gouvernement dévoué au bien public, à la justice, pour obtenir la réalisation de ces réformes si universellement reconnues indispensables, et c'est dans l'espoir de trouver enfin ce gouvernement dévoué, que les peuples s'acharnent sans repos aux changements politiques, espérant toujours qu'ils trouveront enfin ce gouvernement modèle qui réalisera les réformes.

Hélas ! les gouvernements n'y peuvent rien par eux-mêmes ; quelle que soit leur forme, quelle que soit leur force apparente, ils sont tous aussi impuissants les uns que les autres : vingt gouvernements renversés depuis soixante ans nous le prouvent.

La France a essayé de tout : de la monarchie absolue, de la monarchie tempérée, de la République absolue, de la République tempérée, de la forme constitutionnelle ; tout a été vain, et pourtant, parmi tous ces gouvernements, il y en a eu d'honnêtes, de dévoués ; tous auraient voulu asseoir leur durée et leur puissance dans la satisfaction des intérêts généraux, tous ou presque tous ont eu l'ambition de faire le bien du peuple.

Aucun d'eux n'a réussi.

Et pourtant, si l'un de ces gouvernements avait pu agir, s'il avait pu réaliser les réformes si ardemment demandées; s'il avait pu, au moyen de bonnes institutions, affranchir le travail producteur des extorsions de l'usure et de l'agiotage, de la spéculation vénale et de l'accaparement;

S'il avait pu, par exemple, enrichir la production et la consommation de toutes les sommes annuellement et inutilement payées par elles aux fonctions parasites,

Quel n'eût point été, dans ce cas, l'amour des peuples pour ce gouvernement ! n'est-il pas évident que, béni par les populations, loin d'être obligé de chercher à conquérir honteusement des lambeaux de pouvoir et de durée, il eût puisé dans la reconnaissance des peuples une puissance sans bornes, une durée sans limites et une gloire impérissable ?

Pourquoi donc ne s'est-il jamais trouvé un gouvernement qui ait pu accomplir une tâche si glorieuse et en apparence si facile ?

Parce que tous les gouvernements se sont jusqu'à ce jour TROUVÉS SANS FORCE ET SANS APPUI.

Parce que, lorsqu'il s'est agi de réaliser les réformes, les gouvernements n'ont jamais eu les moyens de vaincre les obstacles soulevés par les ennemis des réformes.

Toutes les fois qu'un gouvernement quelconque s'est avisé de vouloir opérer une réforme sérieuse, toutes les fois qu'un ministre a voulu corriger un abus, à l'instant, sur toute la surface de la France, tous les privilégiés de toutes les classes, tous ceux qui vivent des abus, se réunissant dans une cause commune, ont formé une coalition immense, composée de plusieurs millions d'individus qui n'ont plus eu de repos, jusqu'à ce qu'enfin ils aient pu parvenir à renverser le malencontreux gouvernement ou l'audacieux ministre qui avait osé porter une main téméraire sur l'arche des abus et des priviléges.

Machinations souterraines, agressions violentes, faux bruits, mensonges, calomnies empoisonnées : tous les moyens étaient employés jusqu'à ce qu'enfin, assailli de toutes parts, paralysé dans sa marche, incapable de faire face à tant d'attaques et d'inimitiés, l'audacieux gouvernant, sentant le vide autour de lui, ne sachant où trouver la force et l'appui, l'aide et le secours, se voyant en face d'un obstacle insurmontable, en arrivait à renoncer aux réformes et succombait le plus souvent, honteux et désespéré, sous les coups de la coalition.

Ce qui s'est passé depuis 60 ans se passerait encore aujourd'hui, même pour un gouvernement démocratique, même pour un gouvernement socialiste ; les choses restant d'ailleurs ce qu'elles sont, il demeurerait aussi impuissant que ses devanciers ; et cela est si bien senti que naguère encore, un démocrate connu, un socialiste, s'écriait à la tribune de l'Assemblée législative : « Si l'on nous donnait le pouvoir, qu'en ferions-nous ? » Et ce mot était l'expression de la vérité.

En effet, si un gouvernement démocratique, socialiste même, arrivait aux affaires, il n'est pas douteux que son premier effort serait pour l'organisation des institutions de crédit.

Eh bien ! aussitôt qu'il aurait manifesté ses intentions, un profond silence, avant-coureur de l'orage, se produirait ; puis, peu à peu, dans l'ombre, tous ceux que pourrait atteindre l'institution nouvelle, tous les usuriers, tous les agioteurs, tous les capitalistes prêteurs sur hypothèque, tous les spéculateurs, tous les accapareurs, formeraient entre eux une union de haine ; leurs rangs seraient bientôt accrus des fonctionnaires de tous les grades et des privilégiés de toutes les classes, et bientôt surgirait une coalition formidable dont le réseau couvrirait la France.

Les coalisés, exploitant l'ignorance du peuple, malheureusement trop générale encore, attaqueraient, sourdement d'abord, puis ensuite à visage découvert, la nouvelle institution.

La moindre erreur, la moindre faute, démesurément grossie et envenimée; le moindre désordre, pourtant si inséparable d'une organisation toute nouvelle, seraient habilement exploités : les défiances seraient semées, le doute serait jeté sur la validité des titres et des opérations.

Et bientôt le peuple, ébranlé, perdrait confiance en cette institution, dont la chute ne se ferait pas attendre, entraînant avec elle le gouvernement qui aurait eu la rare audace de troubler la prise de possession des priviléges et des fonctions inutiles.

C'est en vain que le gouvernement réformateur ferait appel à la nation; c'est en vain qu'il demanderait à tous ceux qui doivent profiter de la réforme, c'est-à-dire à tous les producteurs et à tous les consommateurs, c'est en vain qu'il leur demanderait la force et l'appui pour résister à la coalition des priviléges : la nation serait sourde à cet appel, ou du moins elle n'y répondrait pas, elle ne pourrait y répondre ;

Car la nation n'est point organisée; le peuple, livré à l'individualisme, divisé, morcelé, sans lien commun, sans solidarité, livré à la méfiance par suite de l'isolement et au désespoir par l'excès de la souffrance, le peuple n'apporterait aucun secours.

Il faudrait, pour que ce gouvernement réformateur pût trouver force et appui, aide et secours, que tous ceux en faveur de qui serait proposée la réforme, que tous les producteurs et les consommateurs fussent organisés, solidarisés, coalisés, afin que cette organisation, que cette coalition pût être opposée à celle des privilégiés, qui, eux, unis comme un seul homme, profitent de la division et de la faiblesse de leurs victimes.

Or, si tous les gouvernements ont été impuissants jusqu'à ce jour, s'il est permis de croire que la même impuissance atteindrait encore les gouvernements futurs, cette impuissance ne peut être attribuée qu'à la division, à l'incohérence du peuple, qui laisse les gouvernements sans force et sans appui en butte aux agressions des privilégés.

Mais le manque de force et d'appui n'est pas la seule cause de cette impuissance.

Un gouvernement (chose qui ne peut être) fût-il assez fort par lui-même, n'eût-il besoin d'aucun appui pour oser entreprendre les réformes, ses projets ne seraient pas moins frappés d'impuissance, car il lui manquerait la possibilité matérielle de la réalisation.

Il lui manquerait le mécanisme, l'organisation administrative chargée de mettre les réformes en pratique.

En effet, en continuant de supposer l'arrivée aux affaires d'un gouvernement démocratique, en admettant que son origine, la force de l'opinion publique, lui donneraient la force et l'appui, il n'en serait pas moins impossible à ce gouvernement d'opérer la réalisation de nouvelles institutions de crédit, pas plus que de toute autre réforme.

Car, pour mettre en pratique, par exemple, la banque d'état et les agences commerciales, il lui manquerait un nombre suffisant d'hommes capables, dévoués, honnêtes, inspirant au peuple une confiance absolue.

En un mot, il manquerait à ce gouvernement le mécanisme administratif; et cet empêchement, passé inaperçu jusqu'à ce jour, serait assez puissant pour paralyser ses efforts.

Un exemple mémorable en a été fourni le lendemain de la révolution de février. Le gouvernement provisoire avait à envoyer dans les départements des commissaires extraordinaires; on ne leur demandait aucune connaissance spéciale, mais bien de l'intelligence, du zèle et du dévouement: or, qui ne se rappelle combien il a été difficile aux gouvernants d'alors de faire de bons choix?

Que serait-ce donc si un gouvernement démocratique, voulant réaliser la banque d'État et les agences commerciales, avait tout-à-coup besoin de trouver plusieurs milliers d'hommes ayant des connaissances spéciales en banque et en commerce, et réunissant, d'ailleurs, toutes les qualités d'un bon administrateur!

Évidemment, ce gouvernement ne les trouverait pas, et, faute d'agents capables et dignes, il lui deviendrait impossible d'opérer la réforme du crédit et du commerce, à laquelle pourtant son existence serait attachée.

Donc, pour qu'un gouvernement démocratique fût plus heureux que tous ses devanciers, pour qu'il pût s'établir d'une manière durable et irrévocable par le fait de la réalisation des réformes, il faudrait qu'il pût trouver

LA FORCE ET L'APPUI POUR RESISTER A LA COALITION DES PRIVILÉGES;

UN MÉCANISME ADMINISTRATIF COMPLET ET SUFFISANT POUR LA MISE EN PRATIQUE.

Or, ce mécanisme et cette force, dont tous les gouvernements ont été privés jusqu'à ce jour, ne peuvent se trouver, selon nous, que DANS LE PEUPLE LUI-MÊME tout entier composé de producteurs et de consommateurs, MAIS DANS LE PEUPLE ORGANISÉ.

Et, en effet, qui est intéressé aux réformes? Le peuple. Qui donc doit aider, défendre, soutenir les réformes? Le peuple.

Or, pour qu'un peuple accorde son aide à la réalisation des réformes, il faut qu'il les connaisse et qu'il les accepte.

Il est donc de toute nécessité qu'un gouvernement démocratique ne tente aucune réforme sans avoir au préalable consulté le peuple et sans avoir obtenu son consentement ; de telle sorte qu'un gouvernement, fort de ce consentement, agirait alors bien réellement au nom du peuple, deviendrait bien réellement l'exécuteur de ses volontés, acquerrait ainsi une force irrésistible devant laquelle fléchiraient tous les obstacles.

C'est pour n'avoir jamais demandé au peuple ce consentement, pour ne l'avoir jamais consulté au préalable, que les gouvernements sont toujours demeurés impuissants.

Donc, si les gouvernements veulent être forts, s'ils veulent trouver de l'appui, s'ils veulent acquérir la gloire de réaliser les réformes, ils doivent organiser le peuple ET LUI REMETTRE LE POUVOIR CONSULTATIF ; c'est-à-dire qu'ils ne doivent jamais prendre une mesure quelconque sans, au préalable, avoir consulté le peuple organisé et avoir obtenu son consentement.

Par ce moyen, les gouvernements auront vaincu la première cause de leur impuissance ; ILS AURONT ENFIN TROUVÉ LA FORCE ET LE POINT D'APPUI ; mais il leur manquera encore le mécanisme administratif.

Or, ce mécanisme indispensable, c'est encore dans le peuple organisé qu'ils le trouveront ; et, en effet, nous avons dit qu'un mécanisme administratif, pour être complet, devait réunir un nombre d'hommes suffisant et possédant toutes les qualités capables d'inspirer la confiance.

Il est évident que ce ne sont pas les hommes capables qui manquent, mais que la faute vient de ce que le gouvernement ne peut pas les connaître.

Or, qui est intéressé à faire de bons choix? Le peuple. Qui peut le mieux connaître, dans chaque localité, l'homme capable et le plus digne d'inspirer la confiance? Évidemment le peuple.

Donc, le peuple doit choisir les administrateurs.

Et c'est à ces administrateurs choisis par le peuple que le gouvernement doit remettre le pouvoir administratif.

Ainsi secondé par le peuple tout entier, ayant sous la main un nombre d'hommes capables et inspirant toute confiance au peuple, le gouvernement aura vaincu la seconde difficulté.

IL AURA TROUVÉ UN MÉCANISME ADMINISTRATIF.

Toute la question politique est là, suivant nous; car c'est parce que le peuple n'a jamais été consulté, parce qu'il n'a jamais été appelé à gérer lui-même ses propres affaires, que les gouvernements ont tous été impuissans.

Rois, empereurs, dictateurs, présidents, provisoires ou non, ont tous misérablement succombé, sans pouvoir découvrir à temps la cause de leur faiblesse; nul d'entre eux n'a su comprendre qu'un gouvernement, en face d'obstacles formidables et n'ayant derrière lui qu'un peuple divisé, sans organisation, qu'un peuple qu'on ne consulte jamais, même sur les questions qui le touchent le plus; qu'un peuple qui n'intervient jamais dans ses propres affaires; qu'un peuple dont toute l'action doit se borner à une obéissance servile: qu'un gouvernement, disons-nous, ainsi séparé du peuple, était une tête séparée du tronc;

Une tête qui commande, un corps qui ne peut obéir, puisque, entre la tête et le corps, il y a solution de continuité.

Aucun d'eux n'a su voir que cette lacune, devenue un

abîme sans fond, était l'absence du pouvoir consultatif et administratif remis au peuple.

Aussi est-il arrivé que les gouvernements, privés de la force, de l'appui et du mécanisme administratif que leur aurait procurés l'intervention du peuple, n'ont jamais pu agir, quoiqu'ils aient créé, pour suppléer à ce vide, des simulacres de conseils et d'administrations; mais conseils et administrations factices qui n'ont fait, jusqu'à ce jour, qu'aggraver l'impuissance des gouvernements par leur imperfection et leur insuffisance, au lieu de leur donner une aide efficace.

Que le pouvoir consultatif et le pouvoir administratif soient donc restitués au peuple, qui, seul, peut les exercer utilement; que le peuple soit consulté dans chaque question; qu'il demeure chargé de choisir les administrateurs qui lui inspirent le plus de confiance (1), et à l'instant les gouvernements trouveraient dans l'organisation du pouvoir consultatif et du pouvoir administratif la force, l'appui et le mécanisme.

C'est-à-dire que la force succéderait à la faiblesse, la puissance à l'ignorance, la durée à l'instabilité, l'amour à la haine, la gloire à la honte.

---

(1) Lorsque nous disons que le peuple doit exercer le pouvoir administratif, nous n'entendons parler que de l'administration de ses propres intérêts matériels; nous laissons en dehors ce qu'on appelle, improprement suivant nous, l'administration publique, dont les membres ne sont pas autre chose que les représentants, les agents du pouvoir exécutif. Leur rôle est de gouverner, c'est-à-dire de veiller à la stricte exécution des lois, et non d'administrer.

ORGANISATION DES ASSEMBLÉES COMMUNALES, CANTONALES, DÉPARTEMENTALES ET NATIONALES.

Comment le peuple pourrait-il exercer réellement et efficacement le pouvoir consultatif et le pouvoir administratif?

Chaque citoyen français serait-il personnellement consulté sur chaque question et coopérerait-il de sa personne à la gérance, à l'administration de la chose publique; ou bien le peuple choisirait-il dans son sein un certain nombre de délégués, de représentants auxquels, sous sa surveillance directe et réelle, il conférerait l'exercice des pouvoirs consultatifs et administratifs?

— L'opinion publique est aujourd'hui saisie de cette question suprême.

L'avilissement du principe d'autorité ayant pour base la domination de la masse par le petit nombre, le mépris profond dans lequel sont plongés tous les coryphées de ce système du passé, ont enfin amené les nations à se poser la question suivante:

Puisque l'autorité du petit nombre a succombé sous le mépris universel, puisque rien n'égale la mortelle impuissance de ce qui reste de partisans à ce mode d'autorité, l'heure n'est-elle pas venue de le remplacer par le mode de l'autorité basée sur l'intervention de tous ?

Depuis longtemps, déjà, la nécessité de cette transformation a frappé tous les esprits. L'établissement de la République, la réalisation du suffrage universel après février, furent des symptômes évidents de la nouvelle voie dans laquelle l'opinion était entrée. Partant de ce symptôme, plutôt instinctif que réfléchi, M. Proudhon entreprit de démontrer l'inutilité de l'autorité et des gouvernements, et, conduit par la logique, il présenta à l'opinion ce qu'il appelait l'Anarchie, ou pouvoir de tous. Malheureusement, comme toujours, cet éminent écrivain, entraîné par la passion politique, transforma en arme de guerre une œuvre de paix et de conciliation, et éloigna par sa violence l'opinion publique d'une idée juste, vraie et féconde.

Mais la vérité ne peut périr; une fois semée, elle produit ses fruits. Aussi, un membre distingué de la constituante allemande, M. Rittinghausen, reprenant l'idée du gouvernement de tous, entreprit de démontrer la possibilité et la nécessité de l'intervention de tous sans aucune exception dans la gérance de la chose publique.

Bientôt, M. Victor Considérant, le chef estimé de l'école phalanstérienne, n'écoutant, suivant son usage, que ses croyances et ses convictions, n'hésita pas à jeter sa plume et l'éclat de son talent dans cette discussion. Reconnaissant carrément, franchement, qu'il n'y avait plus d'autre autorité possible que celle de tous, il proposa, comme moyen d'exercer cette autorité, de partager la France entière en sections de mille citoyens, auxquelles on soumettrait directement, sans intermédiaires, toutes les questions gouvernementales sur lesquelles chacune de ces sections aurait à se prononcer sans appel; de telle sorte que tout citoyen français faisant partie d'une section serait réellement, de sa personne, appelé à discuter et à voter toutes les questions de pouvoir exécutif, de législation et d'administration.

Cette idée séduisante de l'intervention de tous, jetée

dans la discussion publique, a provoqué presque instantanément l'adhésion de ceux-là mêmes qui étaient autrefois les plus ardents partisans de l'autorité d'un seul, de la dictature ; et aujourd'hui démocrates, républicains et socialistes sont presque unanimes à reconnaître que la solution politique tant cherchée se trouve dans le gouvernement de tous.

Nous aussi, nous l'avons déjà dit, nous admettons la nécessité de l'intervention de tous ; reste à savoir si cette intervention pourrait être exercée directement et également par tous, ou si elle devrait être déléguée ; quant à nous, nous croyons qu'aujourd'hui elle ne pourrait être exercée que par délégation ; malgré l'avis de publicistes aussi éminents que MM. Rittinghausen et Considérant, nous sommes convaincus que la délégation serait seule possible, au moins momentanément.

Il est vrai que le suffrage universel tel qu'il a été appliqué après Février a produit des conséquences désastreuses; mais il ne faudrait pas en conclure que c'est là faute du principe de la délégation en lui-même, mais bien que le mal provient de sa mauvaise application, et qu'il ne s'agirait que de réaliser un système de délégation plus parfait, plus vrai, pour en obtenir des résultats aussi bons dans l'avenir qu'ils sont funestes dans le présent.

La délégation telle qu'elle a été mise en pratique depuis la révolution de Février, ne pouvait produire autre chose que ce qu'elle a enfanté. N'est-il pas évident qu'un peuple souverain qui n'use de sa souveraineté que pour se réunir pendant une minute tous les trois ans, afin de choisir des délégués, des représentants qu'il ne connaît point, dans le but de leur faire accomplir une besogne inconnue et que ces délégués pour la plupart sont d'avance incapables d'accomplir, de telle sorte que le peuple souverain ne paraît sur la scène politique que pour choisir au hasard de nouveaux maîtres auxquels il a la folie de donner sur lui-même le droit de vie et de mort, auxquels il confie le sort de la patrie, son honneur, son repos, son existence, son présent et son avenir; n'est-il pas évident qu'une pareille application de la délégation est absurde, et ne peut engendrer que l'anarchie, la confusion et le mensonge?

Mais de pareils résultats pourraient-ils se produire, si le peuple choisissait ses délégués toutes les années, au lieu de les élire tous les trois ans; si ces délégués étaient absolument, parfaitement connus de chacun des électeurs; s'ils fonctionnaient sans cesse sous leurs yeux et sous leur surveillance immédiate et réelle? N'est-il pas de toute évidence que la délégation ainsi exercée ne présenterait plus d'inconvénients et ne serait plus un danger pour le pays?

Quoique nous défendions ici la délégation, en tant que mesure transitoire, nous n'en admettons pas moins en principe le droit de tout citoyen à participer directement de sa personne à la chose publique. Nous sommes partisans, et nous l'avons prouvé, de l'égalité politique et de la liberté illimitée; mais cette égalité et cette liberté sont pour nous un but à atteindre. Il s'agit, pour atteindre ce but, ainsi que nous l'avons dit précédemment pour l'association, de créer préalablement les conditions de leur existence.

Tant que ces conditions ne seront pas créées, nous croyons sincèrement que l'égalité absolue, la liberté illimitée, seront aussi impraticables que l'association.

Nous voulons énergiquement la fin, et c'est pour cela que nous voulons les moyens.

Or, les moyens de l'égalité politique absolue, de l'intervention égale de tous, de la participation réelle et directe de chaque citoyen à la gérance de la chose publique n'existent pas.

De nombreux obstacles s'opposent aujourd'hui à

l'application du système de MM. Rittinghausen et Considérant.

Avant tout et par-dessus tout, il trouverait comme obstacle l'IGNORANCE ET L'INTOLÉRANCE.

Ignorance malheureusement trop générale, grâce au honteux machiavélisme des coryphées de l'autorité, et qui soumettrait la masse des citoyens de chaque section délibérante à l'influence de quelques ambitieux, de quelques intrigants, qui, fascinant, égarant, trompant la crédulité populaire, la dirigeraient à leur gré : de telle sorte que la France, au lieu de se gouverner elle-même, ainsi que le supposent MM. Rittinghausen et Considérant, serait gouvernée en réalité par l'intrigue, l'ambition, sinon par une coterie adroite et puissante ou par une confrérie.

Sans doute, dans les villes, où l'intelligence des travailleurs est aujourd'hui si largement développée, ce danger serait moins à craindre ; ils résisteraient davantage aux entraînements, et pourtant, il n'y a pas bien longtemps encore, au lendemain de la révolution de Février, lorsque le peuple se réunissait librement dans ses clubs, la tolérance existait-elle? La liberté de parler était-elle respectée? Le peuple écoutait-il patiemment les opinions contraires aux siennes ? N'est-il pas malheureusement vrai que quelques hommes violents, que des coteries s'imposaient à ces réunions, forçant tout orateur à passer sous les fourches caudines de leurs injonctions, de leurs volontés et au besoin de leurs menaces ? Évidemment, dans toutes ces réunions la liberté n'existait pas. Que serait-ce donc dans les campagnes, où le travailleur agricole, en grande majorité, est encore si complétement étranger au mouvement d'émancipation qui entraîne les villes ? N'est-il pas hors de doute que ces masses ignorantes subiraient sans défense des influences qu'elles redoutent, mais auxquelles elles obéissent ? Encore une fois, en réalité, ce serait donc un petit nombre d'hommes qui gouverneraient le peuple, qui dans leurs mains ne serait comme aujourd'hui qu'un instrument.

A cet obstacle moral et, suivant nous, invincible aujourd'hui, vient se joindre un autre obstacle matériel et non moins puissant.

L'ORGANISATION ACTUELLE DE L'ATELIER PRODUCTEUR, qui, dans l'agriculture spécialement, tient les travailleurs séparés les uns des autres et dispersés à de grandes distances, et d'où résulterait une perte de temps qui deviendrait un dommage irréparable dans l'état de misère et de pénurie où se trouve aujourd'hui la société.

La question de distance serait nulle pour les villes, mais il n'en serait pas de même pour les campagnes où le plus souvent chaque citoyen serait chaque jour obligé de faire plusieurs lieues pour accomplir son devoir.

Sans doute, quelques patriotes zélés, quelques hommes d'élite, pénétrés de leur mandat, vaincraient toutes les difficultés et ne manqueraient pas d'assister à toutes les séances. Fatigues, peines, frimas, rien ne leur serait obstacle ; mais la masse encore indifférente, mais les travailleurs si surchargés de labeurs et qui, accablés de lassitude, trouvent déjà bien longue la distance qui sépare leurs champs de leur misérable chaumière, comment pourraient-ils se décider à assister régulièrement aux séances des sections ? n'est-il pas évident ou qu'ils n'y viendraient jamais, ou qu'ils n'y paraîtraient que de loin en loin ? alors en leur absence, l'intrigue, l'ambition, les coteries toutes-puissantes, résoudraient toutes les questions et en définitive, comme aujourd'hui, la France serait gouvernée par le petit nombre, mais pour ainsi dire frauduleusement, subrepticement, par la ruse et par voie détournée ; tout ce qu'il y a de plus dangereux et de plus honteux ; et au surplus, l'indifférence n'existât-elle pas, les citoyens français fussent-ils tous transportés d'une égale et commune ardeur, que deviendrait la pro-

duction au milieu de toutes ces idées et de toutes ces
vceques ? comment s'accomplirait le travail, par des travailleurs incessamment préoccupés de toutes les questions de pouvoir exécutif, de législation, d'administration ?

Hélas, avant tout, il faut travailler et produire sous
peine de la misère : que la production s'arrête un jour,
et la France est perdue.

Ces obstacles, et bien d'autres encore, s'opposent aujourd'hui à la suppression immédiate de toute délégation ; l'heure n'est pas venue d'appliquer cette idée féconde, et nous craignons fort que M. Rittinghausen et
M. Considérant, dont nous nous honorons d'être l'ami,
n'aient, comme tous les novateurs, pris la fin pour le
moyen.

Oui, il existera un jour un état de société où l'atelier
producteur, même l'atelier agricole, sera organisé de
manière à ce que tout citoyen, sans perte de temps, sans
déplacement, sans fatigues, pourra prendre directement
part à toute discussion; où la bonne et économique
organisation du travail, généralisant le bien-être, augmentant la masse des produits, donnera plus de loisir
au travailleur et l'affranchira, enfin, de la menace toujours suspendue sur sa tête : la misère et la faim ; une
instruction intégrale, également et gratuitement donnée
à tous, aura rendu tous les citoyens capables d'exercer
les fonctions gouvernementales ; ALORS, MAIS SEULE-
MENT ALORS, TOUTE DÉLÉGATION DEVIENDRA SUPER-
FLUE.

Mais cet état social, il faut le créer d'abord, et nous
craignons fort que nos amis, poussés par leur ardeur
vers le bien, n'aient fait abstraction du présent pour se
transporter dans un idéal réservé à l'avenir.

Pour le moment, tout en admettant en principe la
substitution de l'autorité de tous à l'autorité de quelques privilégiés, nous croyons indispensable encore le
maintien de la délégation.

Mais à la condition que cette délégation serait la représentation vraie, réelle, vivante du peuple ; qu'elle serait l'expression exacte de sa volonté, qu'elle ne deviendrait jamais, en aucun cas, un pouvoir indépendant de lui, un rival de sa puissance.

Or, une délégation ne pourrait être ce que nous venons de dire qu'aux conditions suivantes :

1° Le peuple, ayant à se choisir des délégués, devrait connaître parfaitement la personne à laquelle il confierait la délégation ; il devrait connaître ses antécédents, sa moralité, sa capacité, son patriotisme ;

2° Les pouvoirs délégués par le peuple devraient être exercés sous son contrôle direct, sous sa surveillance immédiate et réelle ;

3° Enfin, les pouvoirs confiés par le peuple devraient être fréquemment renouvelés par l'élection au suffrage universel sans entraves.

Or, ces conditions ne pourraient être réunies que dans la commune, car la commune est le seul lieu où le peuple pourrait matériellement s'assembler et délibérer, le seul lieu où sa surveillance pourrait réellement et efficacement s'exercer ; le seul lieu, enfin, où il pourrait choisir ses délégués en toute connaissance de cause, les connaître assez pour juger leurs titres à la délégation ; parce que dans la commune seule il pourrait de sa présence suivre les délibérations et s'instruire directement aux discussions de ses représentants ; parce que, enfin, c'est dans la commune que se concentrent tous ses intérêts, toutes ses affections.

Exercée dans la commune, la délégation serait bien véritablement la représentation du peuple ; car agissant au nom du peuple, étant constamment en rapport avec lui, s'inspirant incessamment de ses conseils, de ses besoins et de ses volontés, elle exercerait le pouvoir consultatif et le pouvoir administratif exactement comme l'eût fait le peuple lui-même.

En conséquence, nous admettons donc que pour établir une délégation sincère et satisfaisante,

TOUS LES HABITANTS DE CHAQUE COMMUNE SE RÉUNIRAIENT CHAQUE ANNÉE POUR CHOISIR PARMI EUX, AU SUFFRAGE UNIVERSEL DIRECT ET NON RESTREINT, UN CERTAIN NOMBRE DE DÉLÉGUÉS (1).

---

(1) On conçoit que la représentation du peuple dans la commune ne pourrait être sincère, vraie et réelle, que si la majorité et la minorité s'y trouvaient exactement représentées, c'est-à-dire que si la majorité était 6 et la minorité 4, le nombre des représentants de la majorité devrait être 6, et celui de la minorité 4.

Aucun des systèmes électoraux mis en vigueur jusqu'à ce jour n'a pu donner ce résultat de vérité; tous n'ont abouti qu'à faire représenter exclusivement la majorité.

Les deux systèmes les plus connus sont le vote par section et celui par bulletin de liste. Eh bien! à tel moment donné, aussi bien avec l'un qu'avec l'autre, il pourrait arriver que, sur 1,000 électeurs, une majorité de 501 votants interdît toute représentation à une minorité de 499 électeurs.

Afin de parer aux inconvénients de ce mode inique d'élection, M. de Girardin en a proposé un autre, dont les résultats seraient moins rationnels encore, puisqu'il pourrait arriver que la minorité nommât tous les représentants, sauf un seul, qui appartiendrait à la majorité.

En effet, d'après le mode de M. de Girardin, chaque électeur n'aurait qu'une voix, et, après le vote, seraient nommés représentants les candidats qui auraient obtenu le plus de suffrages.

Or, voici ce qui pourrait se produire par le fait de l'élection d'une assemblée communale. Supposons qu'il s'agisse d'une commune possédant mille électeurs, ayant à nommer vingt représentants.

A, homme de courage, de talent, de dévouement, pourrait obtenir 962 suffrages.

B, C, D, E, F, etc., etc., hommes de coteries, de confréries, de désordre, de violence, pourraient obtenir chacun deux suffrages et être par conséquent nommés représentants.

L'élection terminée, il en résulterait donc que la majorité des

La réunion de ces délégués formerait une assemblée communale, représentant tous les citoyens de la commune.

électeurs n'aurait dans l'assemblée communale qu'un seul représentant, tandis que la minorité se trouverait en avoir 19.

Ce système est jugé par la possibilité de pareils résultats, et M. de Girardin l'a bien senti, puisque naguère encore il disait que s'il était gouvernement, il proposerait un prix de 500,000 francs en faveur de celui qui trouverait un mode parfait d'élection.

Nous croyons, quant à nous, que la question n'est pas insoluble, et l'un de nos amis, le modeste et savant docteur Barrier, de Lyon, a proposé pour les élections nationales une méthode que nous croyons très-facilement et très-heureusement applicable à l'élection des assemblées communales.

Cette méthode a pour principe et pour base l'élection par sections, faite successivement, tandis qu'aujourd'hui elle est faite simultanément dans la France entière.

Un exemple de l'application de ce système à l'élection d'une assemblée communale fera suffisamment connaître le système de notre ami.

Nous admettons qu'il s'agit d'une commune ayant mille électeurs, devant nommer une assemblée composée de 20 membres.

Cela fait donc un représentant pour 50 électeurs.

Alors, au lieu de convoquer, pour voter, les mille électeurs au même jour, à la même heure, le système du docteur Barrier consisterait à partager les électeurs en autant de sections de 50 membres qu'il y aurait de représentants à nommer, et à faire voter successivement chacune de ces sections.

Dans ce cas, voici ce qui se passerait:

La section 1re serait convoquée la première et ses votes se répartiraient ainsi:

VOTE DE LA SECTION N° 1.

A, candidat de la majorité, obtiendrait	40 voix.
B, candidat de la minorité,	5
C, autre candidat de la minorité,	3
D, autre candidat de la minorité,	2
	50 suffrages

Un candidat ne pouvant être nommé qu'à la condition de

Il y aurait donc autant d'assemblées communales qu'il y a de communes (1).

---

réunir 50 voix, il en résulterait que le tour du vote de la section II étant arrivé, les voix se répartiraient ainsi :

VOTE DE LA SECTION N° II.

A qui aurait déjà 40 suffrages, plus 10 *égale* 50
B   »   5   20 *égale* 25
C   »   3   15 *égale* 18
D   »   2   5 *égale* 7

                                    Total,   50

Le vote de la section II aurait donc donné le nombre voulu de 50 voix à A qui, dès ce moment, serait représentant et mis hors rang.

Aucun autre candidat n'ayant réuni le nombre suffisant de voix, leurs noms passeraient encore à la section III.

VOTE DE LA SECTION N° III.

B, qui aurait eu 10 voix plus 20, obtiendrait 20 *égale* 50.
C   »   3   plus 15,   »   20 *égale* 38.
D   »   2   plus 5,   »   10 *égale* 17.

                    Total des votes de la section III, 50

Le vote de la section III aurait élu représentant le candidat B de la minorité, C et D, etc., à leur tour et jusqu'à ce que 20 candidats aient été nommés, passeraient successivement au vote des 20 sections.

De telle sorte que si, dans une commune de 1,000 électeurs, une secte, une école, un parti, avaient seulement 50 adhérents, ils seraient assurés d'avoir un représentant et de pouvoir faire entendre leur voix dans l'assemblée communale.

Il n'entre point ici dans notre pensée de décrire, dans tous ses détails, un système électoral; c'est une question qui peut trouver ailleurs, et mieux, le développement qu'elle mérite.

(1) Nous ne voulons parler ici que des communes agricoles ayant une faible population ; il va sans dire que les grandes villes seraient partagées en sections, ayant chacune son assemblée. Les sections étant assimilées aux communes, chaque section, par exemple, pourrait être de deux mille habitants, de telle sorte que Paris serait partagé en cinq cents sections, et aurait par conséquent cinq cents assemblées, équivalant chacune à une assemblée de commune agricole.

Les assemblées communales seraient renouvelées intégralement chaque année, toujours au suffrage universel non restreint.

Elles délibéreraient publiquement.

Il est clair que ces assemblées communales, dont tous les membres, choisis dans la commune, seraient parfaitement connus des électeurs, seraient la représentation bien sérieuse, réelle, vivante, des habitants de la commune, qui les auraient élus en toute liberté.

Ainsi choisis en toute connaissance de cause, il est de toute évidence que les membres élus des assemblées communales, à peu d'exceptions près, seraient les habitants les plus capables et les plus dévoués de la commune.

Cette élection dans la commune mettrait donc en relief, d'un seul coup, tout ce qu'il y a en France de forces vives, de probité, de capacité et de dévouement.

Les assemblées communales seraient donc, en masse, l'élite de la France, et par le fait de cette élection dans chaque commune, les gouvernements se trouveraient directement mis en rapport avec l'élite de la nation française.

C'est au moyen de cette organisation, c'est dans le concours des assemblées communales, que les gouvernements devraient trouver la force et l'appui; c'est également dans ces assemblées, réunion de tout ce que la France possède de talent, de probité et de dévouement, qu'ils trouveraient le mécanisme administratif.

C'est ce que nous allons essayer de prouver.

Supposons que le peuple vienne de choisir ses délégués, ses représentants, et que l'élection vienne d'avoir lieu dans les quarante mille communes de France.

Le peuple serait donc représenté par quarante mille assemblées communales.

Admettons que ce gouvernement démocratique, pour affranchir le peuple des extorsions de l'usure, de l'agiotage et de l'accaparement, veuille, entre autres réformes, opérer la réalisation d'une nouvelle institution de crédit, de la banque d'état, par exemple, et des agences commerciales.

Au lieu de procéder comme tous les autres gouvernements ses devanciers; au lieu de promulguer de superbes décrets, frappés d'impuissance presque avant d'être nés, par la force d'inertie ou par l'opposition active des intérêts alarmés; au lieu de publier d'éloquentes proclamations faisant appel au dévouement du peuple; au lieu de faire appel au patriotisme des privilégiés et de leur demander des sacrifices auxquels ils ne veulent pas consentir,

Le gouvernement, avant toute chose, chercherait à savoir si l'opinion publique est favorable aux réformes, si la majorité des intérêts est prête à fournir à ce gouvernement la force et l'appui dont il peut avoir besoin pour résister à la coalition des priviléges.

Le gouvernement démocratique formulerait donc ses projets; il y joindrait un exposé des motifs simple, clair, précis, qui aurait pour but de signaler les abus qu'il s'agit de corriger, les maux qu'il s'agit de soulager, les avantages que les producteurs et les consommateurs peuvent en attendre.

Puis il adresserait ces projets et cet exposé des motifs à chacune des quarante mille assemblées communales, les engageant toutes à les étudier, à les discuter, et, finalement, à lui donner leur avis, en les modifiant, les approuvant ou les rejetant.

Alors, tout aussitôt éclairées par l'intérêt personnel,

toujours si perspicace, toutes les assemblées communales, établissant une discussion publique sous les yeux du peuple entier, commenceraient une investigation ardente des projets et de l'exposé des motifs, et cette investigation, guidée par la clarté des projets eux-mêmes, par l'évidence des motifs, serait réelle et efficace, car elle serait faite à la fois dans les quarante mille communes de France, et tout ce que la France compterait d'hommes intelligents y prendrait part.

Finalement, après avoir analysé les projets, après en avoir pesé les motifs, après avoir discuté chaque article, chaque assemblée communale passerait au vote et les adopterait ou les rejetterait.

Quel que fût, d'ailleurs, le résultat du vote, un immense résultat serait obtenu ; car dans ce seul fait d'une discussion publique et libre sur des questions aussi graves, d'un intérêt aussi brûlant, touchant à l'organisation même de la société, il résulterait de cette discussion, pour la liberté et pour l'ordre, pour la paix et la conservation des droits légitimes, pour la puissance et la consolidation du gouvernement démocratique, une garantie toute nouvelle, une force imprévue et irrésistible.

L'IGNORANCE SERAIT VAINCUE ET DISSIPÉE. Huit jours de discussion, pour ainsi dire établie dans les entrailles du peuple, l'instruiraient plus que des milliers d'années de despotisme.

Or, l'organisation des assemblées communales ne produisît-elle que ce résultat, de faire pénétrer la lumière et la vérité jusque sous les couches les plus réfractaires de la population, que cela suffirait pour motiver leur création.

Nous avons admis que les quarante mille communes se sont prononcées, et qu'elles ont rejeté, ou approuvé, ou modifié les projets du gouvernement: il s'agirait donc de faire connaître le résultat du vote de chaque commune au gouvernement même, afin qu'il pût bien réellement apprécier la volonté de la France.

On conçoit sans peine que si le gouvernement, pour connaître le vœu de chaque assemblée communale, était obligé de prendre connaissance de chaque procès-verbal de chacune des séances de ces assemblées; s'il était obligé d'étudier une à une toutes les modifications apportées et toutes les considérations ayant amené le refus ou l'acceptation des projets;

On conçoit que ce serait matériellement impossible. Il faudrait trente ans pour dépouiller et lire un à un ces quarante mille cahiers. Le gouvernement, en définitive, serait obligé d'agir sans avoir pris réellement l'avis de la nation.

De telle sorte que le pouvoir consultatif ne serait plus qu'une fiction constitutionnelle.

Il est évident qu'entre le gouvernement et les assemblées communales il devrait exister un organe intermédiaire, destiné à condenser et à transmettre fidèlement aux gouvernants les vœux et les volontés des communes.

Cette fonction serait remplie par les assemblées cantonales, départementales et nationales, dont nous allons décrire l'organisation.

Toutes les assemblées communales d'un canton choisiraient chacune dans leur sein deux délégués.

Les délégués de toutes les assemblées communales d'un canton formeraient une assemblée cantonale.

Cette assemblée cantonale, fruit d'un second degré d'élection, serait indubitablement composée des hommes les plus distingués du canton, puisqu'ils seraient le choix d'un premier choix.

Chaque assemblée communale d'un canton adresserait à l'assemblée cantonale dont elle relèverait un cahier contenant le procès-verbal de ses délibérations, les modifications qu'elle désirerait dans les projets présentés par le pouvoir exécutif, et enfin les motifs de son refus ou de son acceptation.

L'assemblée cantonale opèrerait le dépouillement de ses cahiers communaux et les fondrait tous en un seul cahier cantonal, résumant tous les vœux, toutes les modifications, tous les motifs de refus ou d'acceptation, et enfin les résultats des scrutins de toutes les assemblées communales.

Les quarante mille cahiers des assemblées communales se trouveraient donc réduits, par le fait de l'intervention des assemblées cantonales, à trois mille cahiers cantonaux environ.

Or, un gouvernement ne pourrait pas plus étudier sérieusement trois mille cahiers que quarante mille. Il faudrait donc arriver à une plus grande condensation.

En conséquence, toutes les assemblées cantonales d'un département choisiraient dans leur sein deux délégués.

Les délégués de toutes les assemblées cantonales d'un département formeraient une assemblée départementale.

Cette assemblée départementale, fruit d'un troisième degré d'élection, se trouverait, à coup sûr, formée de l'élite du département.

Chaque assemblée cantonale d'un département adresserait à l'assemblée départementale dont elle relèverait le cahier dans lequel elle aurait condensé et fondu tous les cahiers des assemblées communales, cahier qui ne serait que l'exposé concret des votes de ces assemblées.

L'assemblée départementale opèrerait le dépouillement de tous ces cahiers cantonaux et les fondrait tous en un seul cahier départemental, relatant avec fidélité, purement et simplement, les vœux, les modifications, les motifs de refus ou d'acceptation, et enfin le résultat des scrutins de toutes les assemblées cantonales et communales.

Les trois mille cahiers cantonaux se trouveraient donc réduits à quatre-vingt six cahiers départementaux.

Ce serait trop encore. Un gouvernement ne pourrait pas plus étudier quatre-vingt six cahiers que trois mille, que quarante mille.

En conséquence, toutes les assemblées départementales de France choisiraient dans leur sein cinq délégués.

Tous les délégués de toutes les assemblées départementales formeraient l'assemblée nationale.

Cette assemblée nationale consultative, fruit d'un quatrième degré d'élection, serait inévitablement composée des hommes les plus éminents de France en tout genre.

Chaque assemblée départementale adresserait à cette assemblée le cahier dans lequel elle aurait condensé et fondu tous les cahiers des assemblées cantonales.

L'assemblée centrale opèrerait le dépouillement de tous les cahiers des assemblées départementales et les fondrait tous en un seul, qui résumerait fidèlement les vœux, les modifications, les votes de la France entière.

De telle sorte que le pouvoir exécutif n'ayant plus à étudier qu'un seul et unique cahier, pourrait parfaitement se rendre compte de la volonté de la nation, du concours qu'il pourrait en attendre.

Et, de plus, les projets ayant été soumis à toutes les intelligences du pays, il n'est pas douteux que le gouvernement y trouverait l'occasion de s'éclairer et d'adopter quelques modifications nécessaires à un plus grand succès (1).

____

(1) Nous croyons utile d'insister sur ce point que l'intervention des assemblées cantonales, départementales et nationales, dans la condensation successive des cahiers, ne serait point un exercice de la souveraineté ni du pouvoir consultatif; ces assemblées n'ayant à opérer que le dépouillement des cahiers et leur condensation, la souveraineté et le pouvoir consultatif résideraient dans le peuple et dans les assemblées communales, de même que le mécanisme administratif appartiendrait, suivant nous, aux assemblées hiérarchisées ainsi que nous allons le voir.

Dans le cas où la majorité rejetterait ce projet, en repoussant par ce fait la mise en pratique, ce rejet prouverait que le pays n'est pas prêt, qu'il a besoin de s'éclairer davantage, que l'opinion publique a besoin de plus de maturité; et ce but serait précisément atteint par la discussion publique, qui, sous les yeux du peuple, se serait établie dans chaque assemblée communale, qui aurait pour ainsi dire fondé tout-à-coup en France quarante mille chaires d'enseignement. Cette discussion à ciel ouvert ne manquerait pas de solliciter l'intelligence du peuple et de la préparer de telle sorte que l'année suivante le peuple, plus éclairé, mieux avisé, ayant à nommer de nouvelles assemblées communales, ou enjoindrait à ses délégués communaux l'acceptation du projet du gouvernement, ou nommerait de nouveaux membres qui seraient favorables à l'acceptation.

Un rejet dans ce cas pourrait donc n'être qu'une partie remise, le gouvernement se réservant d'en appeler à la nation plus éclairée.

Toujours est-il que même en cas de rejet, le gouvernement serait complétement mis à l'abri; il cesserait d'être responsable, car il aurait fait tout ce qu'on pouvait avoir le droit d'exiger. La majorité de la nation deviendrait seule responsable vis-à-vis de la minorité, qui ne pourrait pas accuser le gouvernement d'immobilisme ou de trahison. Situation bien différente de celle dans laquelle se trouvent aujourd'hui les gouvernements, qui, ne pouvant jamais savoir si leurs projets sont ou non approuvés par la majorité du pays, sont toujours responsables de tout le mal qui se fait et de tout le bien qui ne se fait pas.

La situation d'un gouvernement serait bien meilleure encore si la majorité des assemblées communales approuvait le projet; il acquerrait, par le fait de cette adoption, une force irrésistible; il aurait enfin trouvé, pour agir, la force et l'appui; énergiquement soutenu et défendu par tous ceux qui auraient étudié, discuté et finalement adopté le projet, secouru par toutes les intelligences du pays, qui, par l'acceptation du projet, seraient devenues les complices du gouvernement et qui, en défendant le projet, croiraient défendre leur propre cause; le gouvernement ainsi secondé, fort de l'appui de la majorité, ne craindrait plus les attaques des privilégiés, car au lieu de se trouver, comme aujourd'hui, isolé de la nation, au lieu de s'agiter dans le vide, au lieu de se trouver seul contre tous les obstacles, ce gouvernement aurait enfin conquis des adhérents passionnés et éclairés jusque dans le plus petit village de France.

Une fois le projet du pouvoir exécutif adopté par le pouvoir consultatif, c'est-à-dire par la majorité des assemblées communales, il ne s'agirait plus que de le transformer en loi (1). Et, la loi étant formulée et votée, il ne resterait plus qu'à la mettre en pratique; or, dans l'exemple que nous avons choisi, la mise en pratique d'une institution nouvelle de crédit, de la banque d'état, des agences commerciales, il ne s'agirait de rien moins, pour l'établir de manière à ce qu'elle pût porter immédiatement et partout à la fois les fruits qu'en attendrait un gouvernement démocratique, que de créer sur toute la surface de la France un réseau complet embrassant le pays tout entier, de comptoirs et sous-comptoirs en assez grand nombre pour faire face à tous les besoins à la fois. Ce vaste réseau, pour être complet et suffisant, devrait être organisé de la manière suivante :

---

(1) Nous croyons qu'un projet de loi élaboré par les assemblées communales, ainsi que nous l'avons décrit, n'aurait plus besoin, pour devenir une loi du pays, que d'être soumis au vote du peuple lui-même, sans délégation, lequel aurait à se prononcer purement et simplement par oui ou par non sans autre discussion.

Fonder à Paris un vaste comptoir central, pivotal, auquel viendraient aboutir toutes les opérations de tous les comptoirs de France.

Dans chaque département, une succursale, un comptoir auquel viendraient aboutir toutes les opérations de chaque sous-comptoir du département.

Dans chaque canton, enfin, un sous-comptoir.

Il serait donc nécessaire, pour créer ce vaste réseau de comptoirs et de sous-comptoirs, de trouver immédiatement un nombre suffisant de directeurs-gérants, d'experts, de surveillants, d'employés de tous genres réunissant tous toutes les qualités d'un bon administrateur : probité, capacité, dévouement ; il faudrait, en outre, savoir choisir ces employés de manière à ce que leur intelligence fût proportionnelle à l'importance de leurs fonctions, c'est-à-dire que les agents du comptoir central devraient être d'une capacité supérieure à celle des comptoirs de département, ceux des comptoirs de département supérieurs à ceux des sous-comptoirs de canton, et ce serait juste, puisque les fonctions seraient plus importantes. En un mot, il faudrait donc que le gouvernement trouvât d'un seul coup plusieurs milliers d'hommes spéciaux réunissant toutes les qualités capables d'inspirer la confiance.

Il n'est pas douteux que si, conformément à l'usage suivi jusqu'à ce jour, le gouvernement, sous prétexte d'autorité, voulait, de par sa propre volonté, organiser lui-même les comptoirs et nommer à tous les emplois, depuis le directeur en chef jusqu'au moindre garçon de caisse, il n'est pas douteux que le gouvernement échouerait inévitablement ; il ne pourrait pas organiser, et ses choix d'employés seraient désastreux.

Ne pouvant rien faire par lui-même, il serait obligé de confier l'organisation à ses agents.

De telle sorte que ne connaissant ni ne pouvant connaître aucun des employés qu'il aurait à nommer, ne pouvant en aucune façon apprécier leur capacité, leur probité, leur zèle, il est facile de concevoir que ce gouvernement, assailli par les solliciteurs, circonvenu par ses familiers, conduit par le hasard ou le favoritisme, guidé par l'impuissance de juger sainement et en connaissance de cause, ne pourrait distinguer le degré de mérite des employés choisis, nommant ainsi aveuglément directeur d'un comptoir central tel agent à peine digne de diriger un sous-comptoir de canton, et, ce qui serait pis encore, nommant des agents pour la plupart infidèles, indignes, incapables ou ennemis secrets de la nouvelle institution.

Si bien que l'incapacité, l'improbité, l'inimitié des agents se joignant aux difficultés d'une entreprise aussi vaste, engendreraient des erreurs, des fautes, des malversations, dont s'emparerait avidement la coalition des ennemis de la nouvelle institution, qui, aggravant le mal par de perfides manœuvres, auraient bientôt amené le peuple, malheureusement si crédule encore, à douter de la bonté des projets du gouvernement. Le peuple, découragé, circonvenu, effrayé, se retirerait peu à peu, et quelques mois après la tentative d'organisation, on verrait succomber la nouvelle institution de crédit, écrasant sous ses décombres l'impuissant gouvernement qui aurait cherché à l'établir sans avoir les moyens suffisants.

Heureusement, ainsi que nous l'avons dit, l'organisation des assemblées hiérarchisées de commune, de canton, de département et de la nation, doit donner à un gouvernement, indépendamment de la force et de l'appui, un mécanisme parfait d'administration.

En effet, au lieu d'agir par autorité, le gouvernement ferait appel à la hiérarchie tout entière des assemblées, et se mettrait ainsi en rapport avec tout ce que la France renferme de capacité, de probité, de dévouement, et c'est à ces assemblées, entièrement formées des hommes qui inspireraient le plus de confiance au peuple, puisque c'est lui qui les aurait nommés, qu'il remettrait le soin d'organiser le réseau des comptoirs de la banque d'état et des agences commerciales, et de nommer tous les employés de tous les grades nécessaires à cette organisation.

C'est ainsi que l'assemblée nationale, composée des délégués des quatre-vingt-six assemblées départementales, aurait à organiser le grand comptoir central, à nommer les directeurs, sous-directeurs et employés, et à choisir dans son sein un certain nombre de ses membres les plus aptes, les plus dignes, pour en former un conseil permanent de surveillance.

Les assemblées départementales, de la même manière, seraient chargées d'organiser les comptoirs de département, de nommer les gérants et employés, et enfin de choisir dans leur sein le conseil de surveillance.

Et enfin les assemblées cantonales, à leur tour, organiseraient les comptoirs de canton, nommeraient aux emplois et choisiraient dans leur sein le conseil de surveillance.

Nous ne craignons pas d'affirmer que cette organisation administrative, qui pourrait s'appliquer d'une manière analogue à toute autre question que celle d'une nouvelle institution de crédit ou de commerce, réunirait toutes les conditions d'une administration parfaite et complète.

Unité d'action, centralisation énergique, nombre suffisant d'hommes spéciaux, capables, probes, dévoués, et enfin intelligence proportionnelle à l'importance des fonctions, donnant ainsi à un gouvernement le concours d'un mécanisme administratif qui leur a toujours manqué jusqu'à présent.

Donc, un gouvernement réformateur trouverait dans l'organisation du peuple en assemblées communales,

LA FORCE ET L'APPUI.

De même que les assemblées hiérarchisées mettraient entre ses mains

LE MÉCANISME ADMINISTRATIF.

De telle sorte qu'un gouvernement ainsi armé, fort de l'appui du peuple, ayant une base inébranlable dans le concours de l'élite tout entière de la nation, acquerrait la possibilité d'agir et de vivre dans l'intérêt général, et pourrait enfin faire par le peuple et pour le peuple, sans avoir à redouter la coalition des privilèges, tout ce que la justice, le bon droit, la sagesse exigeraient, exerçant ainsi son action avec puissance et dignité.

Tout ce que nous avons dit jusqu'à ce moment, de l'exercice remis au peuple du pouvoir consultatif et du pouvoir administratif, suppose qu'il s'agirait de lois organiques, de travaux de longue haleine, où l'étude et l'application peuvent être mûries à loisir ; mais dans la vie d'un grand peuple il se présente journellement des questions d'urgence qu'il faut résoudre promptement, sous peine des plus grands dangers.

On conçoit, d'un autre côté, que le peuple tout entier, que les quarante mille assemblées communales ne devraient intervenir que dans les questions d'intérêt général, et que ce serait une chose inutile, et même impraticable, que d'appeler la France tout entière à délibérer sur un intérêt communal, cantonal, et même départemental.

Et pourtant, même dans les questions d'urgence, même dans les questions d'intérêt local, le pouvoir exécutif ne devrait point agir sans avoir fait appel au pouvoir consultatif ; c'est ainsi que dans les questions d'urgence, au lieu d'un appel aux assemblées communales, il en appellerait seulement à l'assemblée nationale consultative. Or, ainsi que nous l'avons vu, cette assemblée, renouvelée chaque année, fruit d'une opération quatre fois répétée, issue à son origine du suffrage universel exercé dans les meilleures conditions, c'est-à-dire dans la commune, serait donc composée des hommes les plus éminents de France en tous genres et les plus dignes de confiance.

Cette assemblée deviendrait donc, à juste titre, le VÉRITABLE CONSEIL D'ÉTAT.

Quant aux questions d'intérêt local, il est clair que s'il s'agissait d'un intérêt communal, l'assemblée de cette commune et l'assemblée cantonale dont elle relèverait auraient seules besoin de délibérer; s'il s'agissait d'un intérêt cantonal, l'assemblée de ce canton et l'assemblée départementale de laquelle relèverait le canton auraient seules à délibérer.

Il en serait encore de même en ce qui concernerait les intérêts départementaux, qui relèveraient seulement de l'assemblée départementale et de l'assemblée nationale consultative.

Avant d'aller plus loin, nous devons répondre d'avance et succinctement à quelques objections.

1° Dira-t-on, ce mécanisme serait trop compliqué.

2° Il se passerait un temps trop long entre la demande du gouvernement et la réponse du peuple.

3° Les assemblées cantonales et départementales formeraient une aristocratie dangereuse qui se tournerait contre le peuple.

4° Les cahiers cantonaux et départementaux seraient surchargés et ne représenteraient pas fidèlement l'esprit et les actes du peuple.

S'il ne s'agissait que d'opérer la concrétion de tous les

cahiers communaux en un seul, peut-être pourrait-on, à la rigueur, supprimer les assemblées cantonales, et faire relever directement les communes des départements ; mais les assemblées hiérarchisées étant en même temps le mécanisme administratif, cette réduction serait impossible, ou, tout au moins, elle serait infiniment nuisible.

Quant au temps trop long qui s'écoulerait entre la demande et la réponse, il ne serait pas aussi long qu'on pourrait bien le supposer.

En effet, pour que les projets et exposés des motifs pussent parvenir jusqu'aux confins de la France, il faudrait huit jours peut-être. Le jour même de l'arrivée, les assemblées communales commenceraient leurs études ; quinze jours à peine seraient nécessaires pour l'étude, la discussion, le vote et la rédaction du cahier ; huit jours à l'assemblée cantonale, huit jours à l'assemblée départementale, quinze jours à l'assemblée nationale consultative. En tout cinquante jours environ. Or, lorsque le conseil d'état ou l'assemblée législative élaborent aujourd'hui un projet important, trouve-t-on que cinquante jours soient trop longs ? Evidemment non ; témoin le fameux projet sur l'assistance publique, qui ne peut venir au monde.

Et fallût-il cent jours, que ce ne serait pas un obstacle, car les questions organiques à soumettre aux assemblées hiérarchisées ne peuvent être improvisées.

Il ne serait pas plus à craindre que les assemblées hiérarchisées constituassent une aristocratie de l'intelligence qui devînt dangereuse pour le peuple.

Ce qui fait les aristocraties, c'est la durée des pouvoirs.

Or, les assemblées étant soumises chaque année à une réélection, il est clair que le peuple, s'il avait à craindre

des empiétements de certains hommes, ne les renommerait pas même aux assemblées communales.

Cette non-réélection les frapperait d'impuissance, et
ils ne seraient plus à craindre.

La non-réélection répond également à la falsification
des cahiers ; car dans ce cas le peuple, indigné, frappant
les falsificateurs, ne les renommerait plus aux assemblées communales ; par conséquent, ils ne pourraient
plus faire partie des assemblées cantonales, départementales et centrales.

Nous en sommes profondément convaincu, l'organisation des assemblées hiérarchisées n'offrirait aucun
danger pour la souveraineté du peuple ou pour la liberté ; nous allons plus loin, nous soutenons que ce
n'est qu'au moyen d'une organisation analogue que,
dans le temps présent, le peuple pourra exercer réellement sa souveraineté, qu'il pourra jouir de la liberté
illimitée, pendant que le gouvernement de son choix y
trouvera la force, l'appui et les moyens d'agir.

DU POUVOIR EXÉCUTIF,

DU POUVOIR LÉGISLATIF.

Après avoir exposé l'ensemble du système des assemblées hiérarchisées, nous devons une explication à nos lecteurs.

Quoique nous ayons mis en tête de notre publication l'épigraphe suivante :

« Le pouvoir exécutif à la commission nommée par « l'Assemblée législative,

« Le pouvoir législatif à l'Assemblée législative élue « au suffrage universel direct et non restreint, »

Nous avons, dans tout ce qui précède, parlé très-peu du pouvoir exécutif, encore moins du pouvoir législatif.

Nous l'avons fait à dessein et pour plusieurs raisons :

1° Parce que nos études amenaient dans notre esprit quelques modifications sur ces deux questions ;

2° Parce que les théories gouvernementales, quoique si énergiquement élucidées par M. de Girardin, ne sont point encore définitivement formulées ;

3° Parce que malgré tant d'expériences néfastes, malgré la mortelle impuissance tant de fois constatée de l'autorité, de la force, de la contrainte, de nombreux démocrates croient encore à l'efficacité d'une dictature.

Il pourrait donc se faire qu'à un moment donné, nous eussions encore à subir cette désastreuse forme de gouvernement.

Or, comme une dictature violente et implacable ne pourrait aboutir qu'en finissant par trouver un point d'appui dans l'organisation du peuple, nous devions donc, avant tout, développer ce système appelé à sauver la France de l'anarchie et de la dictature ; par conséquent, nous avons dû laisser dans l'ombre la question des pouvoirs exécutifs et législatifs ;

4° Enfin, nous devons en faire l'aveu, parce que nous avions cédé à des conseils timides et à des préjugés en adoptant ce mode du pouvoir exécutif et du pouvoir législatif.

Nous devons, à ce dernier propos, entrer dans quelques détails.

En 1848, délégué auprès de M. Tourret de l'Allier, alors ministre de l'agriculture et du commerce, nous le sollicitions de prendre l'initiative des réformes, mais nous fûmes bientôt édifié par ce ministre lui-même sur la radicale impuissance des gouvernements en matière de réformes, et en tête de notre publication LA RÉFORME DU CRÉDIT ET DU COMMERCE nous citâmes les paroles de ce ministre loyal, et nous les répétons ici :

« Un ministre de l'agriculture, de l'industrie et du
« commerce (nous disait M. Tourret) ne peut proposer
« des réformes profondes qu'à la condition de se savoir
« appuyé par la masse des intérêts ; s'il agit seul, il ren-
« contre des obstacles énergiques, actifs, qui s'opposent
« aux réformes.

« Si donc l'agriculture et l'industrie veulent des réfor-
« mes, il faut qu'industriels et agriculteurs se réunissent,
« discutent, s'agitent et formulent leurs vœux.

« Alors, un ministre ainsi soutenu pourra réaliser ce
« qui sera utile. »

Nous ajoutions alors : « Ces paroles sont profondé-
« ment justes, et pour nous y conformer nous avons dé-
« posé à l'Assemblée constituante une pétition deman-
« dant la création sur toute la France de chambres agri-
« coles et industrielles comme mécanisme préalable et
« indispensable de la réalisation de toutes ces ré-
« formes. »

Cette pétition n'eut pas même la chance de sortir des
cartons. Sur ces entrefaites, de nombreux amis nous
engagèrent à prendre nous-même l'initiative, à provoquer l'agitation, à entreprendre en France une campagne
à la Cobden; en un mot, à frapper vigoureusement les
intérêts producteurs. Certes, une pareille mission était
trop honorable pour être rejetée, et très-probablement
alors, dans l'ardeur de nos convictions, dans la ferveur
de notre dévouement, nous n'eussions pas reculé devant
une entreprise pourtant si au-dessus de nos forces.

Malheureusement, sur ces entrefaites survinrent les
événements du 13 juin 1849, et dès ce moment le régime
de compression et de terreur que la réaction triomphante
a donné à la France rendit tout espoir d'agitation, même
pacifique, impossible. Nous n'eussions pas fait dix lieues
que les priviléges ameutés nous eussent fait jeter dans un
cul de basse-fosse, afin d'y mûrir nos théories à loisir.

Ainsi cerné, force a bien été de nous replier sur nous-
même; il a bien fallu que notre raison, ramenée à la réalité, reconnût que non-seulement les gouvernants, simulacres menteurs de la puissance, ne pouvaient rien, et
que d'un autre côté, la force ne pouvait se produire par

ceux-là même chez qui elle se trouvait; c'est-à-dire que la situation politique du pays, perfidement assise sur le maintien du morcellement et de la division, empêchait toute manifestation de force. D'ailleurs, la liberté de réunion étant abolie, la presse étant bâillonnée, la parole étant prohibée, la toute-puissance étant entre les mains du privilége, il était absolument impossible de réaliser une réforme quelconque.

Nous dûmes donc reconnaître que l'heure des réformes économiques n'était point arrivée, et que toute réforme de ce genre était impossible jusqu'à ce qu'une nouvelle organisation politique destinée à créer la force et l'appui contre les obstacles et le mécanisme administratif de réalisation eût été opérée.

Cette réforme politique, suivant nous, était la coalition de tous les intérêts producteurs et consommateurs, à organiser et à opposer à la coalition des priviléges.

Mais en creusant la question nous nous aperçûmes bientôt qu'organiser tous les intérêts producteurs et consommateurs, C'ÉTAIT EN FAIT ORGANISER LE PEUPLE TOUT ENTIER.

Partant de là, il nous restait peu à faire pour voir que cette organisation du peuple était une organisation politique entière et toute nouvelle dans laquelle nous découvrîmes promptement la solution de tous les problèmes politiques de notre époque.

Il y avait donc là un élément tout nouveau qui était l'intervention directe du peuple.

Nous recherchâmes les conditions de cette intervention de manière à satisfaire à la fois l'ordre absolu et la liberté illimitée; nous crûmes, comme nous le croyons encore, que cette double satisfaction se trouverait

Dans la représentation réelle du peuple, dans la commune, chaque commune ayant son assemblée représentative fonctionnant dans la commune, représentation destinée à donner la force et l'appui contre les obstacles.

Dans une organisation d'assemblées hiérarchisées, cantonales, départementales et nationales, fruit de l'élection à plusieurs degrés, organisation qui donnerait le mécanisme administratif.

Plus nous étudiâmes ce système, plus nous demeurâmes persuadé de son efficacité. Aussi, frappé de sa grandeur et de sa simplicité, nous le présentâmes au commencement de 1850, à des hommes politiques très-haut placés et à des chefs d'école; mais il arriva ce qui devait arriver, c'était trop tôt : l'opinion publique n'était pas saisie; bref, notre projet fut traité d'utopie.

Mais les idées ont marché depuis lors, ce qui était utopique a cessé de l'être, et parmi ceux qui nous repoussaient, il en est qui, devenus plus utopiques que nous, en sont d'un seul bond arrivés à la suppression de tout pouvoir, de toute autorité, de toute délégation.

Le système que nous présentions avait pour base :

Le pouvoir exécutif nommé par le peuple au suffrage universel et direct, proposant les lois, les faisant fonctionner, et en surveillant la fidèle exécution.

Le pouvoir consultatif et le pouvoir administratif à la délégation universelle du peuple, organisé en assemblées communales, cantonales, départementales et nationales.

Toute loi devant être discutée, élaborée et votée par les assemblées communales.

L'assemblée nationale consultative devenant le grand conseil d'état, votant le budget, contrôlant les actes du gouvernement, et lui donnant le conseil dans toutes les questions d'urgence.

Il nous fut objecté à cela que le peuple, à tort ou à

raison, voulait une assemblée nommée au suffrage universel direct; que l'assemblée nationale consultative que nous proposions, étant le fait de l'élection à plusieurs degrés, serait considérée comme une aristocratie par le peuple, que le parti légitimiste a mis en garde contre l'élection à plusieurs degrés.

Bref, moins préoccupé de l'organisation du pouvoir exécutif et du pouvoir législatif que de celle de l'élément nouveau, l'intervention du peuple, nous consentîmes facilement à conserver une assemblée législative, quoique persuadé que c'était une superfétation. Et afin d'éviter le conflit de deux pouvoirs égaux dont nous avons aujourd'hui sous les yeux le triste spectacle, nous fûmes tout naturellement conduit à abandonner à l'Assemblée législative la nomination du gouvernement chargé du pouvoir exécutif. Cette concession était une erreur.

Mais aujourd'hui la question a marché, grandement élucidée par M. de Girardin. Les opinions commencent à prendre corps.

Aujourd'hui que nos pensées ont acquis plus de maturité, que nous avons lu et étudié ce qui a été publié sur cette question, nous persistons plus que jamais à croire que, dans l'état actuel des choses, il n'est point possible de supprimer tout gouvernement et toute délégation.

Nous croyons avec M. de Girardin qui, suivant nous, a démontré la moitié du problème;

Nous croyons comme lui que le pouvoir exécutif, le gouvernement, doit être confié à un ministre dirigeant, élu par le peuple au suffrage universel et direct.

Nous croyons que l'élection de ce ministre doit avoir lieu toutes les années, et qu'il doit être rééligible à perpétuité.

Mais nous croyons aussi que M. de Girardin a oublié la moitié du problème, lorsqu'il a supposé qu'un gouvernement semblable serait suffisant pour renverser les obstacles et pour réaliser les réformes.

Suivant nous, il n'en est rien : le ministre dirigeant n'ayant ni force ni appui réel, n'ayant aucun mécanisme administratif, viendrait se briser comme tous ses devanciers contre les priviléges, faute d'être soutenu et défendu.

Et, quant à nous, nous sommes profondément convaincu que ce mode de gouvernement ne serait possible et ne pourrait agir qu'en s'appuyant sur l'organisation du peuple, qu'en y puisant la force et l'appui, l'aide et le secours.

En conséquence, ayant admis un ministre dirigeant, nommé chaque année au suffrage universel et direct, nous ajoutons : ce ministre sera surveillé, contrôlé par l'assemblée nationale consultative qui établira le budget, et fera à la nation un message annuel sur la marche du pouvoir exécutif.

Le ministre dirigeant, sauf les questions d'urgence qui relèveraient de l'assemblée nationale consultative, ne décrèterait aucune loi, sans, au préalable, en avoir soumis le projet aux assemblées communales. De telle sorte que le projet de loi, suivant la hiérarchie des assemblées, reviendrait complétement élaboré au ministre dirigeant, qui alors aurait à le soumettre au vote du peuple tout entier, votant alors sans délégation et se prononçant simplement par oui ou par non.

Il est clair qu'une loi ainsi soumise à l'ardente investigation de tous les hommes capables et dévoués de France, et votée enfin par le peuple, acquerrait un degré d'autorité impossible à concevoir aujourd'hui.

Il résulte de ce que nous venons de dire qu'il n'y aurait plus de pouvoir législatif remis à une assemblée législative, mais bien un pouvoir exécutif confié à l'élu annuel du peuple, un pouvoir consultatif remis aux assemblées communales, un pouvoir administratif remis aux assemblées hiérarchisées, et enfin un pouvoir législatif, le droit de voter les lois, remis au peuple lui-même sans délégation.

Nous croyons demeurer dans la vérité en affirmant qu'une semblable organisation politique, ainsi basée sur la souveraineté réelle, permanente du peuple, ouvrant un libre essor à toutes les libertés, donnerait enfin à la société la sécurité qu'elle poursuit vainement, en même temps qu'elle donnerait la solution, ainsi que nous allons le voir, des problèmes sociaux et politiques les plus importants et les plus difficiles.

CONSÉQUENCES

DE L'ORGANISATION DES ASSEMBLÉES COMMUNALES, CANTONALES, DÉPARTEMENTALES ET NATIONALES.

L'organisation du peuple en assemblées hiérarchisées assurerait l'ordre, tout en permettant l'exercice de toutes les libertés illimitées.

Est-il possible, par un moyen quelconque, qu'un peuple puisse jouir pleinement, sans restriction, de toutes les libertés illimitées ?

L'exercice de toutes les libertés illimitées est-il compatible avec l'ordre, avec la paix et la conservation de tous les droits légitimes ?

Et d'abord, qu'est-ce que la liberté, qu'est-ce que l'ordre ?

La liberté n'est pas, ainsi qu'on l'a dit si ridiculement, le droit d'aller et de venir.

La liberté, au point de vue absolu, consiste pour chaque individu à pouvoir donner pleine, entière, complète satisfaction à l'essor de toutes ses facultés morales, intellectuelles et physiques.

Si l'homme était unique au monde, et si ses actes n'intéressaient que lui-même, le règne de la liberté absolue, telle que nous venons de la définir, serait sans inconvénient, et à coup sûr ce serait le dernier mot du progrès humain. Mais l'homme n'existe point en dehors de la société dont il fait partie intégrante, et il ne peut accomplir aucun acte, il ne peut donner essor à aucune de ses facultés sans toucher ou intéresser, directement ou indirectement, un plus ou moins grand nombre d'autres hommes.

Or, tous les hommes ayant un droit égal au libre essor de toutes leurs facultés, il en résulte que nul individu ne doit attenter à l'exercice de ce droit chez un autre homme : de telle sorte que le libre essor de chaque individu rencontrant en tous sens le libre essor des autres individus sans avoir jamais le droit d'empiéter sur lui, il en doit provenir tout naturellement un équilibre de toutes les libertés individuelles.

CET ÉQUILIBRE, C'EST L'ORDRE SANS LEQUEL AUCUNE SOCIÉTÉ NE POURRAIT EXISTER.

L'ordre est la garantie donnée à la société pour la mettre à l'abri des excès de l'individualisme.

Voilà donc deux droits primordiaux et incompressibles :

1° LE DROIT DE L'INDIVIDU OU LIBERTÉ ;

2° LE DROIT DE LA SOCIÉTÉ, DE TOUS LES INDIVIDUS, OU L'ORDRE.

Tel est le dualisme dont les deux termes égaux doivent obtenir une égale satisfaction, sous peine d'anarchie, de lutte et de révolution.

Entre ces deux termes, il ne doit y avoir ni compression, ni domination, ni absorption de l'un par l'autre, mais bien un équilibre spontané et dégagé d'entraves.

La liberté individuelle ne doit avoir pour limite que la liberté des autres individus.

L'ordre doit avoir pour limite et contrepoids la liberté de l'individu.

La loi de cet équilibre n'a point encore été trouvée, et depuis l'origine des temps, l'humanité oscille de l'un à l'autre, obéissant nécessairement à un mouvement de va et vient entre l'ordre et la liberté. Tantôt l'ordre ou intérêt collectif, asservissant, comprimant la liberté, a engendré le despotisme; tantôt la liberté ou intérêt individuel, brisant violemment cette mortelle étreinte, a enfanté l'anarchie et les révolutions.

Le problème consiste donc en ceci : que la société se trouve parfaitement garantie, sans attenter aucunement à l'essor libre de toutes les facultés de l'individu.

Jusqu'à présent, la société n'a eu d'autre garantie que l'autorité, que la force.

Mais si cette garantie a été suffisante tant que les individus faibles et ignorants n'avaient pas conscience de leurs droits, elle ne suffit plus aujourd'hui que chacun d'eux ayant pris possession de lui-même, ayant acquis la conscience de sa valeur, réclame impérieusement de la société la satisfaction de ses droits et l'exercice de sa liberté.

L'autorité n'existant plus, la force brutale étant devenue plus dangereuse qu'utile, la société n'a plus de garantie, elle n'a plus aucun moyen de s'opposer à l'envahissement de l'individualisme; elle doit succomber, à moins qu'une organisation nouvelle, remplaçant la force brutale et l'autorité, ne vienne la sauver en rétablissant l'équilibre entre l'intérêt collectif et l'intérêt individuel, entre l'ordre et la liberté.

Cette organisation doit embrasser la France entière; elle doit couvrir complétement la société, elle doit se poser en face de l'individualisme, à chaque instant, partout à la fois, en tout lieu, afin que, par sa pression permanente et universelle, elle puisse maintenir et équilibrer la liberté individuelle.

L'avenir de la société dépend de cette organisation, sans laquelle elle est destinée à périr.

Il est vrai que quelques publicistes ne craignent pas d'avancer que la société n'a pas besoin de garantie, et que, pour assurer l'ordre, il n'est pas de meilleur moyen que de détruire les derniers vestiges de force et d'autorité, que de donner libre carrière à l'essor illimité de toutes les libertés, que de donner champ libre à l'individualisme.

Ces publicistes supposent que cette liberté illimitée, par le fait seul de son mouvement, saura bien donner à la société, spontanément, sans organisation préalable, les garanties qui lui seront nécessaires.

Mais qu'est-ce qui prouve qu'au milieu du bouleversement et des ruines de l'autorité renversée, le peuple saura et pourra trouver un ordre social quelconque? N'est-il pas plutôt à craindre que du pêle-mêle de tous les partis, que du conflit de tous les intérêts, de toutes les passions, que de la lutte des diverses classes, ne résulte une inextricable anarchie, et que, loin de s'abriter sous l'égide de la liberté, le peuple égaré, mutilé, accablé de maux, de deux choses l'une : ou ne se livre à une destruction insensée amenant ainsi la chute de la civilisation, ou ne se retourne encore une fois vers une autorité (impossible il est vrai), recommençant encore cette œuvre sans issue d'une nouvelle réaction conduisant fatalement à une révolution nouvelle.

Détruire l'autorité, sans songer à sauvegarder la société, l'intérêt collectif; donner le champ libre à l'individualisme, sans avoir établi une organisation qui le pondère, détruire l'équilibre, c'est ne pas comprendre que la liberté de chaque individu ne peut provenir que de la liberté de tous les individus, que de la garantie offerte à la liberté de tous. Tout homme ne doit être libre que comme faisant partie d'une société libre elle-même : car la société ne peut être libre que moyennant une garantie certaine des droits de tous contre les atteintes de l'individualisme. Alors, une fois garantie, une fois en possession d'une organisation qui la mette à l'abri de l'individualisme, alors, seulement alors, il sera possible, et sans le moindre danger, de donner essor à la liberté illimitée.

Cette organisation de la société est à la liberté ce que la machine est à la vapeur; la vapeur est une force. Or, pour utiliser la vapeur il ne suffit pas de la produire, il faut l'appliquer à un mécanisme convenable; il en est de même pour la liberté : pour l'utiliser, pour en faire l'agent de toute l'activité humaine, il faut lui donner un mécanisme social.

Donner la liberté avant d'avoir créé ce mécanisme social, ce serait agir comme un mécanicien qui se contenterait de produire la vapeur sans avoir établi de machine destinée à l'utiliser.

Au lieu d'une force précieuse et féconde, il n'aurait plus créé qu'une force d'explosion.

Quant à nous, nous n'hésitons pas à le dire, si l'on veut donner au peuple la liberté illimitée à laquelle il a un droit absolu et incontestable, la première chose à faire est de donner à la société une organisation qui supplée la mortelle impuissance de l'autorité.

Une fois cette organisation établie, vienne l'heure de toutes les libertés, elles ne pourront plus que produire le bien.

L'organisation qui, selon nous, doit remplacer l'autorité, c'est la représentation du peuple dans la commune ainsi que la hiérarchie des assemblées cantonales, départementales et nationales; c'est, en un mot, l'ORGANISATION POLITIQUE DU PEUPLE.

Cette organisation, nous le croyons, suffira pour mettre la société à l'abri de tous les abus de la liberté individuelle; sans armées, sans compression, par le fait seul de son autorité morale, elle suffira pour empêcher les atteintes que pourraient produire, et la liberté illimitée de la presse, et la liberté illimitée de réunion et d'association.

En ce qui concerne la liberté de la presse, la presse peut commettre deux genres de délits : l'attentat contre l'individu, l'attentat contre la société.

L'attentat contre l'individu doit demeurer soumis à la juridiction ordinaire, l'individu attaqué dans ce cas étant le meilleur juge des mesures qu'il a à prendre pour défendre ses intérêts ou son honneur.

Quant à l'attentat contre la société, il peut avoir lieu de deux manières, ou par la publication de mensonges ou par la publication de principes subversifs et d'excitations à la révolte. En cas de mensonge, au lieu de faire appel aux tribunaux, à la justice, au lieu de réclamer l'amende et la prison, ne suffirait-il pas que le journal convaincu de mensonge fût obligé d'insérer une rectification faite au nom de l'assemblée de la commune dans laquelle il serait publié ?

N'est-il pas évident qu'un journal pris deux fois en flagrant délit de fausseté perdrait si bien toute considération, qu'il serait forcé de cesser de paraître ?

En cas d'appel à la force, à la révolte, en cas de publication de principes subversifs, n'est-il pas de toute évidence qu'appeler un peuple à se révolter lorsque, par le moyen de sa représentation dans sa commune, il peut à chaque instant faire connaître ses vœux et ses besoins, et forcer les gouvernements à y donner satisfaction, serait un acte de démence, un acte ridicule, indigne de répression : l'opinion publique en ferait immédiatement justice par l'abandon.

Or, la presse ne pouvant plus mentir et n'ayant aucune espérance à concevoir en prêchant les principes subversifs ou en faisant appel à la révolte, la presse deviendrait ce qu'elle aurait toujours dû être ; le sacerdoce de la pensée, l'initiatrice de tous les progrès, le propagateur de toutes les vérités.

La presse, ne pouvant matériellement faire le mal, ne ferait plus que rendre au pays tous les services qu'on a droit d'en attendre.

Quant au droit illimité de parler, de se réunir, de s'associer, il est clair que ces libertés ne pourraient devenir nuisibles, dangereuses, que dans le cas d'appel à la force, à la révolte, ou bien dans le cas où une réunion d'hommes, une association, deviendrait attentatoire aux droits ou aux libertés des autres hommes; mais du moment que la liberté et les droits de tous seraient mis à l'abri de toute atteinte, il ne pourrait résulter aucun inconvénient de l'exercice de ces libertés illimitées.

Nous admettons donc qu'alors même que chaque commune aurait son assemblée choisie librement au suffrage universel, tous les habitants de la commune demeureraient libres de se réunir et de s'associer comme bon leur semblerait, n'écoutant pour cela que leurs intérêts ou leurs opinions.

Il n'est pas douteux qu'en dehors de l'assemblée communale représentative de la commune, il se formerait de nombreuses réunions où se discuteraient, soit des opinions politiques, soit des théories économiques, soit des questions religieuses.

Tant que ces discussions n'intéresseraient que la réunion qui les soulèverait, on conçoit que nul n'aurait rien à y voir; mais aussitôt qu'une réunion aurait accepté une motion, si cette motion intéressait, soit la commune, soit le pays, il faudrait bien, pour que cette motion suivît son chemin, pour qu'elle pût acquérir une valeur, qu'elle en arrivât à être adoptée par la majorité des habitants de la commune.

Par conséquent, toute réunion qui aurait à faire une motion viendrait naturellement la soumettre à la discussion de la représentation communale. Alors, si elle était adoptée, ce serait la preuve qu'elle est favorable aux intérêts ou aux opinions de la majorité de la com-

mune; si elle était rejetée, ce serait la preuve du contraire.

Dans ce dernier cas, la réunion ou l'association dont
la motion aurait été rejetée, s'appliquerait à conquérir la
majorité dans la commune, afin que l'année suivante
cette majorité renouvelant l'assemblée communale, la
réunion auteur de la motion pût obtenir un vote plus
favorable.

Il est facile de concevoir, et l'expérience l'a surabon-
damment prouvé, que du moment qu'une réunion,
qu'une association d'hommes ayant fait une motion,
ayant élaboré un projet, pourrait faire discuter cette motion ou ce projet par les intéressés eux-mêmes ou par leurs
représentants, il n'y aurait plus à craindre que cette
réunion fît jamais appel à la violence, à la force.

On ne se bat que lorsqu'on ne peut pas discuter.

Et c'est précisément parce que les clubs, qui ont
tant effrayé la France après 1848, n'avaient pas d'issue,
ne pouvaient faire discuter leurs motions et leurs projets, qu'ils se tournèrent tout naturellement vers la
violence. Ne pouvant espérer faire adopter leurs projets
par la discussion, ils en arrivaient à ne compter que
sur la force, tandis que si les assemblées communales
eussent existé alors, ouvrant une issue à cette ébullition
révolutionnaire, elles auraient régularisé les clubs, elles
les auraient moralisés.

Les clubs, enfin, devenant les initiateurs pacifiques
du peuple, le gymnase de son éducation politique,
fussent devenus aussi utiles qu'ils ont été inutiles et
nuisibles.

Ainsi que nous venons de le voir, l'organisation des
assemblées hiérarchisées offrirait donc à la société une
garantie supérieure à celle qu'elle a jamais obtenue,

soit de l'autorité, soit de la force brutale ; et en même temps que cette organisation assurerait l'ordre, elle assurerait la paix et la conservation des droits légitimes, puisque, donnant à l'individu le libre essor de toutes ses facultés, c'est-à-dire la liberté illimitée, elle opérerait enfin l'équilibre et la conciliation entre l'intérêt individuel et l'intérêt collectif, entre la liberté et l'ordre.

L'organisation du peuple en assemblées hiérarchisées rend l'ambition individuelle aussi utile à la société qu'elle lui est aujourd'hui nuisible.

Une des causes les plus actives et les plus fréquentes des révolutions vient souvent des efforts d'une individualité puissante qui, pour conquérir la place qui lui est assignée par ses facultés supérieures ou par une vanité sans motif, se voit forcée de se faire jour par tous les moyens en son pouvoir, soit l'écrasement du faible, soit l'intrigue ou la force, arrivant ainsi à ébranler la société jusque dans ses fondements.

La prudence, le plus simple esprit de conservation, devrait donc tendre à faciliter à ces efforts désespérés de l'ambition un moyen régulier et permanent de se faire jour sans les forcer à employer des moyens subversifs et trop souvent honteux.

Qu'il se manifeste en France, dans les derniers rangs de la société, une individualité puissante, alors de deux choses l'une : ou cette individualité que la Providence aurait fait naître pour les plus hautes destinées demeurera ensevelie dans les langes fangeux de l'ignorance, privant ainsi la société de tous les services qu'une haute intelligence, qu'un grand génie peut-être, eût pu lui rendre dans les arts, dans les sciences, dans l'industrie.

Ou bien cette intelligence inconnue, ignorée, poussée par une ardeur invincible d'avancement, emploiera tous les moyens pour arriver, labeurs, intrigues, violences, jusqu'à ce qu'enfin elle soit parvenue, au milieu des ruines et du bouleversement produits par sa course impétueuse, à conquérir la place lui appartenant de droit.

Il est clair que la société, constamment broyée sous les pas de ces ambitions impétueuses, doit succomber sous les maux qui naissent de leurs efforts, tandis que si elle était organisée, la capacité, l'ambition, ne rencontrant plus d'obstacles, cesseraient d'être des instruments de destruction.

Et, en effet, avec l'organisation des assemblées hiérarchisées, une voie large serait ouverte à l'ambition qui, par ce moyen, trouvant une route régulière et facile, n'aurait plus d'obstacles à vaincre, son essor n'ayant pour limites que les facultés mêmes de l'ambitieux.

Ainsi, qu'un homme d'une intelligence supérieure quelconque surgisse dans une commune de France, et à l'instant cet homme, réagissant sur son milieu, sur la commune, influençant par ses travaux, par les services rendus, par ses écrits, par sa parole, par ses théories, ses concitoyens, cet homme, à coup sûr, serait choisi pour faire partie de l'assemblée communale.

Si cet homme était supérieur à ces fonctions, s'il se plaçait en première ligne parmi les membres de cette assemblée, il est clair que l'assemblée communale, ayant à nommer des délégués pour former l'assemblée cantonale, le choisirait de préférence.

Si l'individualité dont nous parlons maintenait sa supériorité dans l'assemblée cantonale, il n'est point douteux qu'elle serait nommée par cette assemblée pour faire partie de l'assemblée départementale qui, à son tour, si elle reconnaissait encore la même supériorité, la déléguerait à l'assemblée nationale consultative, l'un des postes les plus élevés que l'ambition pût atteindre.

De telle sorte que, par le fait seul de ses talents, de son intelligence, de ses mérites, cet homme, qui fût demeuré méconnu au fond de sa commune, dans l'état actuel de la société, qui fût demeuré écrasé et étouffé par les obstacles, qui eût ainsi privé la société de tous les services qu'il eût pu lui rendre, cet homme arriverait au faîte naturellement, par la force des choses, sans intrigues, sans bassesses, sans luttes, sans avoir besoin d'autres secours que de fournir des preuves de sa capacité et de son dévouement.

Or, un ambitieux ne pouvant ainsi parvenir que par l'évidence de ses talents, de son utilité, serait forcément amené à en donner d'autant plus de preuves, à devenir d'autant plus utile, à rendre des services d'autant plus grands que son ambition serait plus vaste et plus dévorante.

Par conséquent, plus il y aurait d'ambitieux, plus leur ambition serait intense, plus la société en retirerait d'avantages, puisque les services rendus seraient la seule voie ouverte à cette ambition.

Mais, dira-t-on, la société ne souffre pas autant des efforts désespérés des ambitieux qui parviennent, que de ceux des ambitieux qui ne peuvent parvenir, que de leur envie et de leur haine, et de leurs efforts incessants pour renverser et supplanter ceux qui ont obtenu le succès.

Il faudrait donc pour maintenir la paix qu'il n'y eût qu'un seul postulant pour chaque emploi, car si comme aujourd'hui chaque emploi était convoité par de nombreux prétendants, un seul emploi ne pouvant satisfaire qu'un seul homme, la société continuerait d'être en proie à l'ambition inassouvie des postulants évincés; par conséquent les excès, les révolutions, trouveraient plus d'aliments même que par le passé, le nombre des ambitieux s'accroissant sans mesure.

Oui, en effet, aujourd'hui les ambitions inassouvies

demeurent pleines de haine et se croient en droit de se servir de tous les moyens pour parvenir, parce que les emplois ne se donnent pas au vrai mérite, mais bien au népotisme, à l'intrigue, à la bassesse ; de telle sorte que tous ceux qui ne sont pas nommés, ayant au moins autant de titres à l'être que leurs compétiteurs nommés, acquièrent ainsi le droit de protestation, droit qui s'élève jusqu'à la révolution, quand il s'agit d'une individualité supérieure.

Mais que les emplois ne soient plus donnés qu'au mérite, à la capacité, au dévouement ; qu'il s'établisse un concours de services rendus entre tous les compétiteurs ; que chaque ambitieux vienne faire juger ses titres, et, à coup sûr, avant que le jury, c'est-à-dire le peuple organisé en assemblées hiérarchisées, ait prononcé, il arriverait ce qui arrive aujourd'hui toutes les fois qu'il y a concours. Les postulants se rendraient justice eux-mêmes, et ils auraient bientôt reconnu parmi eux le plus digne, le plus capable, l'homme supérieur auquel appartiendrait l'emploi de droit.

Jamais, dans un concours loyal, on ne vit les éliminés protester contre un vrai mérite.

De cette manière, les efforts de l'ambition n'offriraient plus le honteux spectacle de l'avidité, de l'égoïsme ; ils ne seraient plus qu'une honorable émulation entre des hommes dévoués à l'intérêt général, qui n'auraient d'autre but que de parvenir au moyen des services qu'ils rendraient à la société.

L'ambition deviendrait alors, ce qu'elle est réellement, un ressort providentiel, qui n'a produit jusqu'à présent de funestes résultats que parce que la société n'étant pas organisée, n'offrait aucune issue à son essor et ne savait pas l'utiliser à son profit.

L'organisation du peuple en assemblées hiérarchisées resserrerait l'unité
nationale, tout en permettant la décentralisation.

Centralisation et décentralisation, voici une de ces importantes questions qui deviennent le sujet d'une controverse éternelle, dont le résultat le plus direct est une obscurité chaque jour plus profonde.

Centralisation, aux yeux de beaucoup de gens, est synonyme de despotisme, d'autorité absolue, de bureaucratie inique, de jalousie, d'immobilisme, de perte de temps, d'impuissance et de vexations.

Décentralisation, aux yeux de certains autres, signifie anarchie, résistance, dislocation du pays, désobéissance aux gouvernements, rupture de l'unité française.

Ces deux appréciations ont un côté vrai : la centralisation, telle qu'elle existe aujourd'hui, étouffe l'essor de la nation, paralyse son activité et devient réellement un instrument de despotisme et de bureaucratie; la décentralisation, au contraire, telle que l'entendent ses partisans qui en veulent faire une machine politique, n'ayant pour but que de soustraire la France à l'unité pour renverser tel ou tel gouvernement, serait le signal de la ruine du pays et de ses libertés.

Centralisation et décentralisation ainsi entendues pourraient donc produire des résultats également funestes.

Ce qu'il y a de positif, c'est que loin de penser à détruire la centralisation, loin de songer à relâcher les liens de l'unité nationale, il faut tendre sans cesse et sans repos à les constituer plus fortement encore, tout en laissant à chaque citoyen, à chaque fraction individuelle ou collective, une plus grande indépendance.

Aujourd'hui, sous le prétexte d'avoir la centralisation, on n'en a que le masque; il semblerait que le gouvernement tient dans sa main toutes les forces du pays; il n'en est rien : le gouvernement règne, mais il ne gouverne pas.

Le gouvernement dépend de tout le monde. Ne connaissant et ne pouvant connaître ni les hommes, ni les choses, il est forcé de s'en rapporter au premier venu, soit pour juger les choses, soit pour choisir les hommes.

C'est ainsi que la centralisation, au lieu de mettre en rapport chaque fraction du pays avec le gouvernement, n'aboutit tout uniment qu'à opérer la centralisation au profit de quelque général, de quelque préfet ou sous-préfet, de quelque magistrat, de quelque maire, puisque le gouvernement ne peut rien faire par lui-même.

En un mot, tout le monde décide pour le gouvernement, qui lui ne décide jamais rien.

Le bon sens indique bien d'ailleurs que tout autre résultat est impossible; car il n'est point possible à un gouvernement d'étudier sérieusement toutes les questions, de connaître les vœux, les besoins, les ressources de toutes les communes de France; il est matériellement impossible qu'un gouvernement puisse faire face aux milliers de questions posées chaque année par la France entière.

Et pourtant, il est absolument indispensable que sur toutes ces questions, qui, en vertu de la centralisation, sont aujourd'hui soumises à l'examen direct du gouvernement, un contrôle soit opéré; car si chaque commune, si chaque canton, si chaque département pouvait en toute liberté décider en dernier ressort et sans contrôle sur tous les points qui les intéressent, le pays ne tarderait pas à tomber dans un profond désordre ; les agglomérations d'hommes, plus peut-être encore que l'individu, étant susceptibles d'entraînement et d'aveuglement passionnés, ont besoin d'être garanties contre elles-mêmes.

Le but apparent de la centralisation est justement l'exercice de ce contrôle ; or, pour qu'un contrôle soit efficace et réel, il est de toute nécessité que le contrôleur soit à même de juger en connaissance de cause.

C'est ainsi que lorsqu'une commune veut faire construire un édifice d'utilité communale : une mairie, une école, une église ; lorsqu'un canton veut faire construire une route, il est indispensable qu'un contrôle indépendant, en dehors de l'entraînement des habitants de la commune et du canton, juge froidement la situation, examine si le besoin est bien réel et si la commune et le canton possèdent des ressources suffisantes pour mener à bien l'entreprise proposée.

Ce contrôle nécessaire, si mal exercé jusqu'à ce jour, et au moyen de formes si vexatoires, par le gouvernement, devrait être exercé sans perte de temps, sans dépenses, en toute connaissance de cause, par la hiérarchie des assemblées.

C'est ainsi que la commune relèverait de l'assemblée cantonale ; le canton, de l'assemblée départementale ; le département, de l'assemblée nationale.

Supposons qu'il s'agisse de construire une mairie dans une commune quelconque, au lieu, comme aujourd'hui, de forcer les administrateurs de cette commune à venir se morfondre dans les antichambres des sous-préfets et des préfets, au lieu de leur faire attendre pendant des années la réponse à leur demande ; au lieu de noircir des monceaux de papier; au lieu de rendre, ainsi qu'un critique patient l'a démontré tout dernièrement, des centaines d'ordonnances, de votes, de délibérations, de visites,

La commune qui aurait à faire construire une mairie, adresserait purement et simplement les plans et devis, l'état de ses recettes, l'exposé de ses besoins, à l'assemblée cantonale dont elle relèverait.

De telle sorte que chaque assemblée cantonale n'ayant à étudier que les affaires des communes de sa circonscription, connaissant à fond tous les besoins et toutes les ressources de chacune de ces communes, éclairée d'ailleurs par les délégués de l'assemblée communale faisant partie de l'assemblée cantonale, cette dernière pourrait prononcer simplement, sans frais, sans tracasseries de bureau, un jugement en toute connaissance de cause; jugement raisonné, fondé, impossible aujourd'hui au gouvernement qui, au lieu d'avoir à étudier les intérêts de quinze à vingt communes se voit forcé d'étudier les intérêts de 40,000 communes, de 2,500 cantons, ce qui est bien moralement et matériellement impossible.

S'il s'agissait au contraire d'un travail à opérer dans un intérêt cantonal, d'une route, par exemple, d'un canal d'irrigation, la même marche serait suivie; au lieu de s'adresser au bureau des travaux publics à Paris, le canton adresserait ses documents à l'assemblée départementale dont il relèverait, laquelle, ayant naturellement, par sa position, une connaissance approfondie de la question, porterait un jugement en toute maturité.

Ainsi serait-il des départements qui, eux, relèveraient de l'Assemblée nationale pour tout ce qui concernera les travaux d'utilité départementale.

De telle sorte que la centralisation ainsi opérée par la hiérarchie des assemblées, loin d'être relâchée, serait fortifiée, concentrée, énergique, réelle, et surtout concilierait à la fois les exigences de l'unité nationale avec la liberté et l'indépendance auxquelles a droit toute fraction du pays.

La représentation du peuple dans la commune exerçant le pouvoir consultatif, ainsi que la création des assemblées hiérarchisées exerçant le pouvoir administratif donneraient la solution d'un grand nombre d'autres problèmes que notre cadre trop restreint ne nous permet pas d'aborder ; le peu que nous avons dit est suffisant pour démontrer l'extrême importance de cet élément nouveau que nous préconisons : *l'organisation politique* DU PEUPLE.

En prenant l'initiative de ce système si complétement neuf, nous avons entrepris une tâche bien difficile, et, nous n'en doutons pas, nous sommes demeuré bien au-dessous d'un aussi grave sujet.

Le système que nous avons proposé n'est pas sans doute le dernier mot en fait de réformes politiques, et nous sommes prêts nous-même à y apporter toutes les modifications dont le temps ou la discussion nous démontrerait l'utilité ; mais ce qui est certain, c'est que les réformes sont nécessaires, c'est que si on ne les réalise pas, le pays succombera sous de nouvelles révolutions ; et pourtant ces réformes nécessaires, nul ne peut aujourd'hui signaler les moyens de les réaliser.

Frappé de cette mortelle impuissance, nous avons cru en découvrir la cause dans la séparation existant entre le peuple et les gouvernements.

Nous avons cherché à combler cette séparation, et, en

le faisant, nous croyons être demeuré sur la voie de la vérité ; car nous voyons aujourd'hui tous les penseurs, tous les hommes politiques et toutes les écoles se lancer dans la même voie. Or, les détails importent peu du moment qu'on est d'accord sur le principe ; la question étant posée, le pays étant saisi, c'est maintenant à la presse de provoquer l'attention publique, de faire appel à toutes les intelligences, à toutes les lumières, pour réaliser les réformes, rétablir la paix dans la société, la réconciliation entre les classes, et donner aux gouvernements la durée, la force, le point d'appui et un mécanisme administratif sans lequel tout succès et tout progrès seraient impossibles.

CONSÉQUENCES

DE LA RÉALISATION DE LA BANQUE D'ÉTAT
ET DES AGENCES COMMERCIALES.

Nous avons exposé la théorie et décrit le mécanisme de la banque d'état et des agences commerciales ; nous avons développé les moyens qui, suivant nous, seraient les meilleurs et les plus efficaces pour procéder à leur mise en pratique. Supposons donc que ces deux institutions sont en pleines fonctions, et examinons si les conséquences qui en résulteraient seraient bien, ainsi que nous l'avons avancé, une solution du problème social au point de vue économique, solution qui, nous l'avons reconnu, ne peut être réelle et suffisante qu'à la condition de satisfaire à la fois et le prolétariat et la possession.

Nous démontrerons facilement que cette double satisfaction serait complète, bien qu'au premier aspect ces institutions paraissent exclusivement favorables aux intérêts de la possession, puisque la banque d'état n'offrirait le crédit qu'à celui qui posséderait un gage, puisque les agences commerciales n'offriraient leurs services qu'à celui qui posséderait des produits, à l'exclusion du prolétaire qui ne possède rien.

Nous irons même plus loin. Nous démontrerons, nous en avons l'espoir, que la banque d'état, qui détruirait l'usure et l'agiotage, qui rendrait inutile le prêt individuel sur hypothèque, que les agences commerciales qui détruiraient l'accaparement, qui rendraient inutile la spéculation et qui réduiraient au nécessaire le plus strict et le plus absolu le nombre des intermédiaires, seraient en définitive tout aussi favorables aux intérêts des usuriers, des agioteurs, des prêteurs sur hypothèques, des spéculateurs, des accapareurs et de l'immense excédant des intermédiaires, qu'à ceux des possesseurs et des prolétaires.

Car nous espérons prouver sans réplique que ces institutions ouvrant une carrière sans bornes à la production et à la consommation, tous ces fonctionnaires, aujourd'hui au moins inutiles, se réfugieraient avantageusement pour eux dans la production ; de parasites, ils deviendraient producteurs, participant ainsi aux bienfaits obtenus par le prolétariat et la possession.

Les résultats à obtenir de la réalisation de la banque d'état et des agences commerciales seraient aussi nombreux qu'importants. Par la banque d'état, inutilité du prêt individuel sur hypothèque, suppression de l'usure et de l'agiotage, au moyen desquelles tout possesseur de valeur mobilière ou immobilière s'affranchirait des usuriers, des agioteurs et des prêteurs hypothécaires, en faisant monétiser son gage par la banque d'État.

Par les agences commerciales qui mettraient en rapport direct les producteurs et les consommateurs, inutilité de la spéculation, suppression de l'accaparement, des faux frais exagérés, de la faillite, des rabais injustes, des laissés pour compte, et par-dessus tout, de la fraude et de la falsification.

Il n'est point possible de nier l'importance de chacun de ces résultats ; la réalisation d'un seul suffirait pour constituer aujourd'hui une vaste amélioration et pour fonder sur la reconnaissance publique la réputation de tout homme d'état qui l'opérerait. Néanmoins, s'ils étaient obtenus seuls, ce ne serait que très-indirectement et seulement à titre de consommateur, que le prolétaire y participerait. Mais toutes ces réformes, toutes ces conséquences, viendraient se résumer en deux résultats supérieurs et suprêmes, plus particulièrement et plus décisivement favorables aux prolétaires :

1° L'augmentation illimitée de la production et de la consommation, d'où résulterait véritablement pour le prolétariat en premier lieu une augmentation universelle et perpétuelle des salaires, en second lieu une plus grande facilité de consommation par l'abaissement du prix des produits, et par l'abolition des chômages.

2° La refonte du budget, une immense diminution des impôts s'appliquant spécialement aux impôts qui pèsent sur les classes laborieuses.

——◆◆——

Diminution du prix des produits, accroissement sans limites de la production et de la consommation, hausse générale et permanente des salaires.

L'augmentation illimitée de la production et de la consommation doit provenir de la diminution du prix des produits, suivant cette loi que toutes les fois que le prix des produits s'abaisse, les ressources de la consommation demeurant les mêmes, il y a un accroissement de consommation égal et presque toujours supérieur à l'abaissement du prix des produits ; de même que lorsque les ressources de la consommation s'accroissent le prix des produits n'augmentant pas, il en résulte encore une augmentation de consommation égale, sinon supérieure, à l'accroissement des ressources du consommateur.

Mais si au contraire, par une cause quelconque, le prix des produits s'élève, si ce prix est au-dessus des ressources des consommateurs, ou bien si les ressources de la consommation diminuent, il y a par contre-coup une diminution de consommation égale, même supérieure soit à la diminution des ressources du consommateur, soit à la hausse du prix des produits, cette diminution arrive souvent à la suppression complète de toute consommation.

Or, c'est justement le cas dans lequel se trouve la société aujourd'hui.

La consommation est paralysée, parce que les ressources des consommateurs sont insuffisantes ; le prix des produits étant de beaucoup plus élevé qu'il ne devrait être, par suite des charges énormes qui pèsent sur le producteur longtemps avant la production, par le fait de l'usure, de l'agiotage et du prêt individuel sur hypothèque, et de celles, qui finissent de l'accabler après la production par le fait de la spéculation, de l'accaparement et de tous les gaspillages de la fonction commerciale, pendant que les ressources de la consommation diminuent tous les jours par le fait de l'avilissement des salaires, des chômages et de l'encombrement des produits.

Aussi la consommation étant insuffisante, les produits ne s'écoulant pas, la production est paralysée, faute de consommation, au moment même où des millions de consommateurs s'étiolent, souffrent et meurent, faute de pouvoir consommer.

Mais, avons-nous dit, la réalisation de la banque d'état et des agences commerciales amènerait ce double résultat :

Une immense diminution du prix des produits ;

Un immense accroissement des ressources de la consommation.

Double effet destiné à ouvrir à la production, au travail, un développement illimité, source de la richesse et du bien-être pour tous.

En effet, lorsqu'un produit parvient entre les mains d'un consommateur, sa valeur se compose des frais de la production, matière première et main-d'œuvre comptées, et des faux frais ajoutés en surcroît par l'usure, l'agiotage, le prêt individuel sur hypothèque, la spéculation, l'accaparement et les fonctions intermédiaires.

Or, la banque d'état supprimant l'agiotage et l'usure, et rendant inutile le prêt individuel sur hypothèque, les agences commerciales supprimant l'accaparement et rendant inutile la spéculation ; d'un autre côté, tous les faux frais quelconques dont le chiffre est aujourd'hui si démesuré, rentrant dans les limites les plus strictes, il en résulterait que les produits, déchargés de toutes les sommes prélevées par toutes ces fonctions inutiles, ne conserveraient que leur valeur intrinsèque de production.

Or, que chaque producteur, que chaque consommateur, qui nous lisent, supputent ce que l'usure, l'agiotage, le prêt individuel sur hypothèque, la spéculation et l'accaparement et les faux frais de tous genres ajoutent inutilement à la valeur primitive des produits qu'ils consomment ou qu'ils jettent dans la circulation, et ils reconnaîtront qu'un consommateur n'achète jamais un produit, sans que ce produit ne lui soit vendu 20, 30, 40, 50 pour cent et au-delà plus cher que le producteur ne l'a vendu.

Donc si, par le fait de la banque d'état et des agences commerciales, le prix des produits était déchargé de 20, 30, 40, 50 pour cent, la consommation conservant, d'ailleurs, les mêmes ressources que par le présent, s'accroîtrait immédiatement en proportion de la diminution des produits.

Or, la consommation augmentant de 20, 30, 40, 50 pour cent et plus, la production actuelle tendant à suivre la même progression, se trouverait de beaucoup au-dessous des besoins de la consommation.

Résultat immense, si on le compare à l'état actuel des choses où la production dépasse tellement les besoins du consommateur, qu'il en résulte fatalement l'encombrement des produits, les chômages, l'avilissement des salaires, et partant l'incessante diminution des ressources de la consommation.

Mais que la production, au contraire, par le fait de l'écoulement plus facile, assuré par la diminution du prix des produits, devienne inférieure à la consommation, et à l'instant toutes les conditions du passé sont renversées : il se présente un ordre de phénomènes inconnu aujourd'hui.

Le producteur trouverait immédiatement une vente plus avantageuse de ses produits, et pour suffire aux besoins, il se verrait forcé de développer ses moyens de production.

Or, il ne pourrait développer sa production sans accroître le nombre de ses ouvriers et employés ; et comme tous les producteurs se trouveraient à la fois dans la même situation, ils se feraient concurrence à la hausse, afin de s'attirer le plus grand nombre de bras ; les salaires s'élèveraient, l'encombrement cesserait, les chômages disparaîtraient, et avec l'organisation et la régularité des salaires arriverait incessamment un premier degré de bien-être, de dignité et de liberté.

Cette augmentation générale des salaires serait, en définitive, un accroissement des ressources de la consommation qui, venant s'ajouter encore à l'essor donné à la production par le fait de la diminution des produits, donnerait bien pour résultat ce que nous avons avancé, à savoir : une situation également favorable, soit pour les propriétaires, soit pour les prolétaires.

Pour les producteurs propriétaires, puisqu'ils écouleraient plus facilement leurs produits à des prix avantageux, et qu'ils seraient débarrassés à la fois de toutes les atteintes des fonctions parasites sous lesquelles ils succombent et de toutes les atteintes révolutionnaires dont ils sont menacés.

Pour les producteurs prolétaires, puisqu'ils seraient assurés de trouver dans la réalisation de la banque d'état et des agences commerciales un double et incalculable avantage :

1° Un accroissement de salaire qui leur permettrait enfin de mettre un terme à leurs cruelles privations, en devenant consommateurs des produits nécessaires à leur existence et à leur bien-être;

2° Une diminution du prix des produits qui, venant s'ajouter à l'augmentation des salaires, mettrait à jamais le prolétaire non-seulement à l'abri de la misère, mais encore lui ferait connaître enfin le bien-être et l'aisance par lesquels il s'élèverait bientôt à l'éducation et à la propriété.

Qui ne conçoit qu'une diminution du prix des produits, qu'une augmentation des ressources de la consommation ne seraient une carrière sans bornes ouverte à une production sans limites.

En effet, augmenter les salaires, diminuer le prix des produits, ce serait pour ainsi dire faire surgir spontanément du sol des millions de consommateurs avides de consommer; de telle sorte qu'il deviendrait impossible à la production de dépasser jamais les limites de la consommation.

La production ainsi appelée à un si vaste développement ne pourrait y suffire sans employer de plus grands capitaux, sans avoir besoin d'un plus grand nombre de directeurs, de gérants et d'employés.

Or, c'est justement le développement de la production qui ouvrirait un refuge assuré, tranquille et lucratif à tous les fonctionnaires, à tous les capitaux aujourd'hui parasites, inutiles et onéreux.

Mais ce n'est pas assez, que la création subite et inespérée de trente millions de nouveaux consommateurs ouvrant un débouché sans bornes à la production; les producteurs de toutes les classes trouveraient pendant de longues années dans la diminution du prix des produits provenant de la réalisation de la banque d'état et des agences commerciales une extension de consommation bien autrement importante.

De même que la consommation française s'accroîtrait

proportionnellement à l'accroissement de ses ressources et à la diminution du prix des produits ; de même ce résultat se produirait pour toute la consommation des pays étrangers.

L'industrie française est égale, sinon supérieure à l'industrie de toutes les autres contrées du monde, et pourtant ses produits, sauf quelques exceptions, s'écoulent difficilement à l'étranger et sont le plus souvent repoussés en faveur de produits similaires des nations rivales.

Cet échec provient de deux causes : de ce que le prix des produits français, par suite de la mauvaise organisation économique résultant de l'intervention de tous les fonctionnaires parasites et de tous les faux frais inutiles, est trop élevé. Il provient aussi de ce que trop souvent, et cela est honteux pour la France, la mauvaise foi, la fraude, la falsification ont altéré les produits et ont éloigné les acheteurs.

Or, l'intervention des agences commerciales qui auraient la propriété d'empêcher la fraude, la falsification et la mauvaise foi, commencerait déjà, par ce seul fait, à assurer un grand débouché à la nation française.

Mais de plus, les produits, déchargés enfin de toutes les extorsions des fonctions parasites et des faux frais exagérés, pouvant, par ce moyen, être offerts à la consommation étrangère à des prix infiniment réduits, il est clair que l'industrie de toutes les nations rivales demeurant surchargée de tous les frais de l'usure, de l'agiotage, de la spéculation et de l'accaparement pendant que les produits français en seraient délivrés, ne pourrait soutenir la concurrence, et à son tour serait forcée de laisser le champ libre à la production française qui, chargée d'alimenter une aussi énorme consommation, serait nécessairement conduite à un développement tel qu'elle donnerait un emploi utile et fructueux à tous les capitaux et à tous les fonctionnaires parasites.

Si bien que les producteurs propriétaires, les producteurs prolétaires, les fonctionnaires jadis parasites et aujourd'hui devenus producteurs, trouveraient tous une égale satisfaction à la réalisation de la banque d'état et des agences commerciales.

Premier résultat de la mise en pratique de ces deux institutions. Le second résultat, ainsi que nous allons le voir, n'est ni moins heureux, ni moins important.

REFONTE DU BUDGET. — DIMINUTION DE L'IMPÔT.

De la réalisation de la banque d'État et des agences commerciales résulteraient nécessairement :

La refonte du budget ;
La diminution des impôts ;
L'augmentation des recettes.

Ces mots diminution des impôts, augmentation des recettes, pour beaucoup de gens, doivent hurler de se trouver ensemble ; car diminuer les impôts tout en continuant de faire face à toutes les exigences du bien public ; augmenter les recettes sans augmenter les charges, une seule de ces deux choses paraît aujourd'hui impossible aux hommes pratiques : à plus forte raison la réunion de ces deux bienfaits doit-elle paraître une utopie, une exagération. Et pourtant rien n'est plus réel, rien ne serait peut-être plus facile à réaliser.

C'est encore ce que nous allons essayer de démontrer.

Il est positif que dans l'organisation actuelle, toute augmentation de recette, c'est-à-dire, toute augmentation d'impôts, est une question suprême ; le budget, comme l'outre d'Éole, renferme dans son sein la tempête et les révolutions ; les gouvernements, à l'avenir, se souviendront à jamais de la désastreuse influence exercée naguère en France par l'impôt fameux des 45 centimes.

L'importance budgétaire est telle que beaucoup d'hommes politiques supposent (à tort il est vrai), qu'il suffirait de quelques modifications dans l'assiette des impôts, de quelques diminutions dans les dépenses, pour avoir trouvé la solution du problème social.

Nous ne nions pas l'importance qu'il y aurait à réformer le budget, car nous venons de la reconnaître. Peut-être une réforme de ce genre, si elle eût été possible, eût-elle suffi, sous le dernier règne, pour prévenir la révolution ; mais aujourd'hui le peuple a conçu de plus hautes espérances de la science, de l'économie sociale, et, pourquoi ne le dirions-nous pas ? les révolutions lui ont fait connaître ses droits ; ses prétentions se sont donc élevées et il ne se contenterait plus d'un adoucissement d'impôts.

Une réforme du budget serait donc insuffisante, si elle était possible, à plus forte raison si elle était impossible.

Or, c'est justement ce qui est.

L'état actuel demeurant ce qu'il est, c'est-à-dire la production et la consommation demeurant en proie à l'usure, à l'agiotage, à la spéculation, à l'accaparement, il est matériellement tout aussi impossible de diminuer les impôts et les dépenses, que d'augmenter les recettes.

En effet, le budget peut se diviser en trois branches principales.

L'entretien de la force publique se montant environ à..500 millions

La rente des sommes dues par l'État, environ...500 —

Tous les autres services publics, environ 600 —

Sur quelle branche pourrait donc porter la diminution des dépenses, et partant celle des impôts ?

Sur l'entretien de la force publique ; mais elle est radicalement impossible tant que les producteurs propriétaires seront soumis à l'usure, à l'agiotage, au prêt individuel sur hypothèque, à la spéculation et à l'accaparement ; tant que les producteurs prolétaires seront écrasés par la misère ; tant que les salaires seront avilis, tant que les chômages amèneront la faim sur le seuil du prolétaire ; tant que la consommation sera la proie de la fraude : en un mot, tant que les priviléges et les monopoles feront litière de la production et de la consommation, car une haine ardente, terrible, implacable, régnera entre les diverses classes de citoyens, et la force publique actuelle sera à peine suffisante pour maintenir un simulacre d'ordre, pour empêcher un conflit.

Non, il n'est pas possible aujourd'hui de diminuer les dépenses affectées à l'entretien de la force publique.

D'un autre côté, à moins de faire banqueroute, ce à quoi personne ne songe, il n'y a pas un centime à diminuer sur les dépenses affectées au service de la dette publique.

Quant aux 600 millions appliqués à l'ensemble de tous les autres services de l'état, sauf quelques bribes, sauf quelques rognures, loin que les dépenses puissent diminuer, elles tendent incessamment et irrésistiblement à s'accroître.

Donc, à moins de réformes préalables, il n'y a rien à espérer d'une diminution d'impôts, elle est impossible.

Mais que ces réformes préalables soient réalisées, et à l'instant tout change de face.

Que l'organisation de la banque d'état et des agences commerciales affranchisse la production et la consommation du parasitisme, de la fraude, des faux frais ;

que les producteurs propriétaires goûtent enfin le repos et la sécurité; que les producteurs prolétaires arrivent enfin au bien-être par la hausse des salaires et par la diminution des produits ;

Et alors toutes les haines cessent, toutes les divisions succombent, la paix s'établit entre toutes les classes, leur réconciliation, garantie par l'équilibre de l'ordre et de la liberté, éloigne à jamais le retour des combats et des révolutions ; alors, seulement alors, il devient possible de diminuer ces armées formidables qui épuisent le pays, ou du moins de les employer d'une manière utile et fructueuse à de grands travaux d'utilité publique.

Dans ce cas, les sommes employées le seraient pour produire et la nation en profiterait.

D'un autre côté, l'intervention de la banque d'état, la substitution du crédit collectif au crédit individuel, la mise en disponibilité de tous les capitaux remplissant aujourd'hui des fonctions inutiles, assureraient une incroyable abondance de numéraire et une considérable diminution de l'intérêt, situation qui permettrait au gouvernement de proposer à ses créanciers le remboursement de leurs créances ou l'acceptation d'une diminution de la rente, qui seule s'élèverait peut-être à cent millions et plus (1).

Quant à la troisième branche des dépenses, nous avons reconnu qu'il n'était point possible d'opérer une diminution sérieuse; il n'en est pas moins vrai que par le fait des réformes préalables, une diminution immense de dépenses pourrait être opérée, soit sur l'entretien d'une force publique devenue inutile, soit sur le service de la dette de l'état, diminution qui se traduirait immédiatement en diminution d'impôts.

---

(1) Indépendamment de la conversion des rentes, de nombreux et honnêtes moyens pourraient être employés pour la liquidation de la dette publique, mais ce n'est pas le lieu de s'en occuper en ce moment : l'heure de cette réforme ne se fera malheureusement que trop attendre.

Mais, ce n'est pas assez que de diminuer les impôts : il en est un grand nombre basés sur l'injustice la plus inique, qu'il faut complétement supprimer; car ils pèsent plus particulièrement sur les classes pauvres et laborieuses.

Il faut en arriver à réaliser la formule éloquente de M. de Girardin :

Que celui qui a beaucoup, paie beaucoup; que celui qui a peu, paie peu; que celui qui n'a rien, ne paie rien.

Or, pour que celui qui n'a rien ne paie rien, il est clair qu'il y a de nombreux impôts à supprimer, qui pèsent presque exclusivement sur ceux qui n'ont rien.

Il en est d'autres qui, par les abus de la fiscalité, ont la propriété d'arrêter l'essor des populations, de gêner la production et la circulation, tels que les octrois et les douanes; ces impôts aussi ne doivent point être seulement diminués, ils doivent être abolis; il devient donc indispensable de créer de nouvelles ressources, de nouvelles recettes destinées à remplacer ces impôts abolis; un moyen a été proposé, c'est l'impôt unique sur le capital. Cet impôt, est l'impôt rationnel absolu; mais il suppose un état de société autre que celui où nous vivons; il faudrait, pour en obtenir le résultat nécessaire, que tous les capitaux fussent connus et qu'ils fussent tous productifs; mais qui ne sait que pour connaître le capital mobile, le capital parasite se livrant aux fonctions de l'usure, de l'agiotage, de la spéculation et de l'accaparement, il faudrait se livrer à une inquisition odieuse et incessante; il faudrait pénétrer jusque dans le foyer intérieur de chaque capitaliste? Une pareille organisation serait si difficile, serait si odieuse, qu'elle serait impossible.

Nous ne croyons à la réalité de l'impôt sur le capital

que lorsque la banque d'état et les agences commerciales auront forcé tous les capitaux parasites à devenir producteurs, et les auront par ce fait tous changés en instruments de travail.

L'impôt sur le capital ne serait pas même une conséquence immédiate de la mise en pratique de la banque d'état et des agences commerciales, mais une conséquence médiate appartenant à l'avenir. En attendant cet impôt de l'avenir, la banque d'état et les agences commerciales créeraient les ressources nouvelles destinées à remplacer les impôts abolis, et ces ressources seraient immenses.

En effet, ainsi que nous l'avons vu, la banque d'état aurait à émettre une masse de numéraire d'autant plus considérable que la production aurait reçu un plus vaste essor, or la banque d'État prélevant sur cette émission un intérêt de trois ou quatre pour cent, prélevant en outre une commission sur toutes les sommes qui lui seraient remises, cet intérêt et cette commission, espèce d'impôt indirect sur le capital, seraient appelés à produire une recette, un bénéfice annuel de plusieurs centaines de millions entièrement destinés au service de l'état.

Nous avons également vu que l'État d'un autre côté prélèverait une commission, un droit, un impôt sur la vente de chaque produit opérée par les agences commerciales; cet impôt étant prélevé sur la presque totalité des produits, s'élèverait naturellement à un chiffre infiniment considérable.

De telle sorte que de ces bénéfices de la banque d'État et des agences commerciales, de ces centaines de millions appliquées à remplacer les impôts déjà réduits qui pèsent sur ceux qui n'ont rien, il en résulterait bien, ainsi que nous l'avons avancé, une diminution des impôts actuels, une augmentation des recettes.

Et cette fois, le second et important résultat de la réalisation de la banque d'État et des agences commerciales serait principalement favorable aux producteurs prolétaires.

Ainsi, bien qu'en apparence la banque d'État ne pourrait ouvrir le crédit qu'au possesseur de gage, bien que les agences commerciales ne favoriseraient de leurs services que les possesseurs de produits, il n'en serait pas moins vrai, en définitive, que ces deux institutions donneraient immédiatement au prolétariat, non pas la réalisation absolue et immédiate de toutes ses prétentions, mais les moyens de parvenir à les satisfaire pacifiquement, certainement, par la hausse des salaires, la diminution du prix des produits, l'abolition des chômages, la suppression des impôts qui pèsent sur le travail.

Les résultats que nous venons d'esquisser à grands traits, comparés à l'état actuel des choses, seraient incontestablement une révolution dans la société; et pourtant, il ne faut pas se le dissimuler, ils ne constitueraient pas une solution définitive, ils ne seraient pas le dernier mot de la société humaine.

Ils ne seraient, si nous pouvons nous servir de cette expression, que l'assise, la base de la société future.

L'état ultérieur de la société évidemment sera l'association : la science sociale l'indique assurément ; l'intelligence instinctive des masses, presque toujours infaillible, l'a deviné.

L'association, nous l'avons déjà reconnu, est au matériel L'ÉCONOMIE DE RESSORT ; c'est le moyen de produire plus, à moins de frais et avec un moins grand nombre de bras. A ce point de vue, l'association serait donc un mécanisme puissant et d'une valeur inappréciable, dans une société où la consommation s'accroissant sans limites, toutes les forces de la production seraient insuffisantes pour les satisfaire.

Au moral, l'association EST L'HARMONIE DES INTÉRÊTS, la solidarité directe et intime des hommes entre eux.

Ce n'est que par l'association que tous les hommes pourront réellement être égaux et frères.

L'humanité marche donc irrésistiblement à l'association, PRINCIPE DE L'HARMONIE ET DE L'ÉCONOMIE.

Mais l'association, mais la fraternité demandent, nous l'avons déjà dit, des conditions qui n'existent pas aujourd'hui, où tout leur est hostile, hommes et choses.

Les réformes politiques et économiques que nous avons préconisées auraient justement pour but de préparer le milieu favorable à l'association, par la destruction de la misère et de l'ignorance, des haines et des castes, et par la réalisation de la liberté illimitée.

Et ce qui le prouve, c'est qu'en suivant par la pensée le développement des conséquences qui proviendraient de leur réalisation, ON ABOUTIT FORCÉMENT, INÉVITABLEMENT, A L'ASSOCIATION, c'est-à-dire à la solution radicale, réelle, véritable, absolue du problème social. Mais on y arrive logiquement par la force des choses, par la paix, par la satisfaction de tous les intérêts, par le concours de tous; l'association devient ainsi un résultat certain et prévu des réformes, au lieu d'être comme aujourd'hui, suivant les vues de certains de ses adeptes, un lit de Procuste où, bon gré, mal gré, chacun devra venir s'étendre.

En effet, par suite de la réalisation de la banque d'état et des agences commerciales, c'est-à-dire par suite de la réforme du crédit et du commerce, deux grands faits économiques se produiraient :

1° Une immense abondance de capitaux rendus disponibles par la suppression de l'usure, de l'agiotage et de l'accaparement, et par l'inutilité de l'hypothèque individuelle et de la spéculation;

2° Une rareté excessive de la main-d'œuvre par suite de l'accroissement subit de la production.

Situation diamétralement opposée à celle qui existe aujourd'hui, où il y a surabondance de main-d'œuvre et pénurie de capitaux, et de laquelle découlerait tout un ordre nouveau de faits:

LA CONCURRENCE INVERSE.

Car, au lieu de la pénurie de capitaux qui oblige aujourd'hui ceux qui ont besoin de capital à se faire concurrence entre eux, élevant ainsi sans relâche les loyers, les revenus, les fermages, les intérêts, les parts de bénéfices; car, au lieu de la surabondance de main-d'œuvre qui amène nécessairement la concurrence entre les travailleurs, la dépréciation des salaires, les chômages, et partant la misère accompagnée de son sinistre cortége de malheurs de tous genres, la banque d'état et les agences commerciales rendant plus de capitaux disponibles qu'il n'y aurait de besoins, les capitalistes à leur tour se feraient concurrence afin de trouver le placement de leurs capitaux, et arriveraient ainsi à offrir le capital à l'emprunteur à des conditions chaque jour plus favorables, première condition de succès pour le travailleur, pour la production.

D'un autre côté, la rareté de la main-d'œuvre forcerait les capitalistes à se faire encore une fois concurrence pour obtenir les bras disponibles; de là, hausse incessable des salaires, abolition de la misère, suppression des chômages, et partant liberté, dignité et bien-être.

De telle sorte que les capitalistes, poussés par la nécessité, voulant trouver des placements assurés et solides de leurs capitaux, et ne pouvant se les procurer sans créer de nouveaux moyens de production, auraient bientôt reconnu que pour que les travailleurs prolétaires, dépourvus de gages à offrir au crédit, pussent offrir à tout capitaliste un placement assuré, il n'existerait qu'un seul moyen, L'ASSOCIATION, qui, rendant tous les travailleurs solidaires, qui, les obligeant à répondre les uns des autres, donnerait pour garantie aux capitalistes l'être collectif, l'association toujours debout, quelles que fussent d'ailleurs les défaillances, la mauvaise foi, la paresse des individus. Mais les capitalistes ne deviendraient pas seulement partisans de l'association en tant que moyen d'y trouver garantie et sécurité pour le placement de leurs capitaux : ils en seraient bien plus partisans encore, en tant que moyen économique de production, car la rareté des bras, la pénurie de la main-d'œuvre rendraient infiniment précieuse cette organisation qui, avec un nombre d'hommes dévoués, donnerait un produit bien plus considérable que par le mode actuel de l'individualisme et du morcellement.

Les capitalistes deviendraient donc partisans de l'association, soit comme mécanisme plus économique, destiné à permettre un emploi plus considérable de capitaux et à créer de nouveaux moyens de production, soit comme placement plus solide et plus sûr par le fait de la solidarité entre les associés.

Si bien que l'association, loin d'être comme aujourd'hui une machine de guerre, un bélier poussé par le prolétariat contre la possession, l'association deviendrait l'arche du salut pour tous, et l'autel sur lequel possesseurs, capitalistes et prolétaires viendraient signer la paix et la réconciliation.

Cette abondance des capitaux, cette pénurie de main-d'œuvre, cette insuffisance des moyens de production en face des besoins d'une consommation sans limites, donneraient également la solution de l'un des plus grands problèmes économiques :

L'EMPLOI DES MACHINES.

Aujourd'hui, le prolétaire subit la concurrence des machines ; chaque invention nouvelle promène la famine et la mort dans des milliers de familles prolétaires ; toute œuvre nouvelle du génie inventeur est une œuvre de destruction pour le prolétariat.

Par le fait de la réalisation de la banque d'état et des agences commerciales, la consommation n'ayant plus de bornes, le prolétaire lui-même deviendrait l'ardent préconisateur des machines dont il ne redouterait plus la concurrence ; et à titre de consommateur il en désirerait, il en provoquerait la création universelle, puisque ses besoins de consommer n'auraient plus d'autre obstacle que l'insuffisance de la production.

L'examen des conditions réservées dans l'avenir à la société par la réalisation des réformes, exigerait un plus long travail que nous espérons entreprendre un jour ; nous n'avons voulu aujourd'hui que jeter un rapide regard sur ce splendide horizon. Nous essaierons plus tard de prouver que la production par manque d'instruments de travail ne pourra suffire à la consommation que par la conquête d'un nouveau sol, par la colonisation sur une grande échelle.

Colonisation qui, tout en donnant les moyens de développer la production parallèlement à l'accroissement de la consommation, donnerait pour surcroît un résultat bien plus important encore, la possibilité de résoudre enfin ces terribles problèmes :

1° DIEU AYANT DONNÉ LA TERRE A L'HUMANITÉ, COMME IL LUI A DONNÉ L'AIR, L'EAU ET LE FEU : FAIRE QUE TOUT HOMME JOUISSE DE LA PART DE TERRE A LAQUELLE IL A DROIT OU DE L'ÉQUIVALENT, COMME IL JOUIT DE SA PART D'AIR, D'EAU OU DE FEU.

En un mot, amener tous les prolétaires à la propriété, à la dignité, à la vraie égalité, sans attenter aux droits légitimes de la propriété actuelle...

2° LE PROLÉTARIAT ÉTANT D'AUTANT PLUS ÉLOIGNÉ DE LA POSSESSION QUE LE PRIX DE LA PROPRIÉTÉ DU SOL EST PLUS ÉLEVÉ : ARRÊTER L'ACCROISSEMENT RÉGULIER DE CE PRIX EN FRANCE EN TEMPS ORDINAIRE, EMPÊCHER QUE LA DIMINUTION DE L'INTÉRÊT, L'ABAISSEMENT DU PRIX DES PRODUITS, LA MISE EN DISPONIBILITÉ DE TOUS LES CAPITAUX PARASITES, NE VIENNENT ACCROÎTRE ENCORE ET ACCÉLÉRER CETTE AUGMENTATION, TOUTE AUGMENTATION DE LA VALEUR DU SOL ÉTANT UNE BARRIÈRE NOUVELLE ENTRE LE PROLÉTARIAT ET LA PROPRIÉTÉ.

Nous aurons à revenir plus tard sur ce sujet autant religieux qu'économique. Qu'il nous suffise aujourd'hui d'indiquer cette voie nouvelle, ouverte par les réformes économiques et politiques, et dont les résultats brillants seraient tout aussi favorables à la possession qu'au prolétariat.

CONCLUSION.

A TOUS LES PARTIS, A TOUTES LES CLASSES,

A TOUTES LES ÉCOLES,

**A TOUTES LES SECTES, A TOUS CEUX QUI GOUVERNENT
OU QUI ASPIRENT A GOUVERNER.**

Si on nous donnait le pouvoir, qu'en
ferions-nous ?

DE FLOTTE.

Notre œuvre est terminée, et plus que jamais nous demeurons convaincu ;

1° Que la banque d'état donnant le crédit à tout possesseur de gage par la monétisation de toutes les valeurs réelles ;

2° Que les agences commerciales mettant directement en rapport, sans intermédiaire et sans faux frais, les producteurs et les consommateurs ;

3° Que la représentation du peuple dans la commune, ainsi que l'organisation en assemblées hiérarchisées exerçant le pouvoir consultatif et le pouvoir administratif ;

Que ces trois institutions réunies seraient bien réel-

lement la solution du double problème social actuellement posé: le problème économique, le problème
politique.

Nous nous servons de ce mot de solution malgré le
ridicule qui y a été attaché, parce que, suivant nous,
c'est le mot propre, et qu'en ce qui concerne la banque
d'état, les agences commerciales et l'organisation
politique du peuple, c'est le cas ou jamais de s'en
servir.

En effet, la substitution du crédit collectif au crédit
individuel, la création de la banque d'état qui mettrait
le crédit à la portée de tous les possesseurs de gage,
qui amènerait l'abolition de l'usure, de l'agiotage et
l'inutilité du prêt individuel sur hypothèque; qui enri-
chirait la production et la consommation de tout ce
qu'elles paient aujourd'hui à ces fonctions parasites:
cela constituerait bien la solution du problème économique du crédit ou de la circulation des signes représentatifs des valeurs.

D'un autre côté, la mise en rapport direct des producteurs et des consommateurs, sans intermédiaires,
sans faux frais, au moyen des agences commerciales,
dégrevant ainsi le prix des produits de toutes les surcharges dont ils sont accablés par la spéculation et l'accaparement, constituerait bien la solution du problème
économique du commerce, c'est-à-dire de la circulation
des produits, solution réelle, profonde, radicale, parce
qu'il en résulterait l'immense diminution du prix des
produits et une augmentation proportionnelle de la
consommation et partant de la production, la refonte
du budget, la diminution des impôts, le retour à la production de tous les agents et de tous les capitaux parasites, la hausse générale des salaires, la disparition
complète des chômages, des encombrements périodiques, des disettes factices; l'abolition des faillites, de
la fraude, de la falsification. Tous ces résultats et tant

d'autres, qu'il serait trop long d'énumérer, auraient bien le caractère d'une véritable solution.

Enfin, l'organisation des assemblées élues annuellement par le peuple au suffrage universel direct, et exerçant sous ses yeux et sous son contrôle le pouvoir consultatif et le pouvoir administratif, dans toutes les communes de France, donnant ainsi aux gouvernants la force dont ils auraient besoin pour oser entreprendre les réformes urgentes, le point d'appui qui leur serait nécessaire pour triompher des obstacles élevés par les ennemis des réformes, le mécanisme administratif indispensable pour leur réalisation, cette organisation qui, par l'intervention du peuple et par la publicité, amènerait la chute de l'ignorance; qui restituerait au peuple l'exercice de ses droits politiques, c'est-à-dire le droit d'être consulté sur toutes les questions qui l'intéressent, le droit de choisir les hommes qui lui inspireraient le plus de confiance, et surtout le droit de ne subir de lois que celles qu'il aurait étudiées et acceptées par son vote : cette organisation, sans aucun doute, serait bien la solution du problème politique, puisqu'il en résulterait le maintien absolu de l'ordre, la conservation des droits légitimes, soit en permettant au peuple l'exercice de toutes les libertés illimitées, soit en ouvrant à l'ambition individuelle une carrière loyale, honnête et sans obstacles.

Ce qui prouve que le faisceau de la banque d'état, des agences commerciales et de l'organisation politique du peuple constituerait bien réellement une double solution économique et politique, c'est que ces institutions donneraient une égale satisfaction à toutes les classes, à tous les partis, à toutes les écoles et à toutes les sectes.

A TOUTES LES CLASSES, puisque propriétaires, prolétaires et même fonctionnaires paraîtes mis en disponibilité, trouveraient, les premiers, la conservation, la consolidation de leur position actuelle; les seconds, leur avènement à la dignité, à l'éducation, au bien-être, à la propriété et à la liberté ; les fonctionnaires parasites, le moyen d'utiliser comme producteurs et leurs personnes et leurs capitaux, conservant ainsi une position aussi avantageuse que celle qu'ils ont aujourd'hui, ou tout au moins plus sûre et surtout plus honorable.

A TOUS LES PARTIS, en ce sens que chaque parti ne pouvant élever d'autre prétention que celle d'être plus capable que tous les autres à faire le bonheur du peuple, trouverait dans ces institutions le moyen de lui prouver qu'il est réellement plus en mesure de donner satisfaction à ses intérêts que tous les autres partis.

A TOUTES LES ÉCOLES, A TOUTES LES SECTES ; car, quelles qu'elles soient ; économistes, socialistes, philosophiques ou religieuses, toutes, sans exception, poursuivent le même but : la réalisation de leurs principes et de leurs théories ; théories et principes qui ne peuvent être réalisés qu'à la condition d'être connus du peuple et de pouvoir être adoptés ou refusés par lui en toute liberté, sans contrainte, sans violence, par le fait seul du choix basé sur la raison et l'intérêt.

Or, le peuple ne pourrait étudier, juger et accepter une théorie qu'à la condition d'être organisé. Toutes les écoles auraient donc un intérêt, sinon commun, du moins identique, à favoriser l'organisation politique du peuple ; car si la nation française avait cette organisation, tout novateur, toute école, toute secte, philosophique ou religieuse, pouvant saisir directement toutes les assemblées, il en résulterait que si un principe vrai ou une théorie juste, un système pratique et fécond était présenté, ce principe, cette théorie, ce système serait immédiatement mis à l'étude sur toute la surface de la France, dans toutes les assemblées communales, anatomisé pour ainsi dire par le peuple tout entier, si intéressé à la réalisation des réformes ; de telle sorte qu'il aurait bientôt conquis la majorité du pays s'il était basé sur la vérité, sur la justice et sur le bon sens.

Combien n'eût-il pas été avantageux pour toutes les écoles, pour toutes les sectes qui ont surgi depuis la révolution de février, de pouvoir soumettre leurs principes, leurs théories, leurs systèmes, directement au peuple organisé, au lieu de les commettre, à défaut d'autre voie ouverte, au sein de l'Assemblée nationale, devant une assemblée inattentive, peut-être ignorante ou incapable, et à coup sûr tellement absorbée par l'intrigue, par la politique quotidienne, qu'il ne lui restait ni une force pour l'attention, ni un moment pour l'étude.

N'est-il pas de la dernière évidence que dans ce tohu-bohu de théories, de systèmes, de principes contradictoires, s'il s'en était trouvé un vrai, qui eût pu satisfaire les intérêts de la majorité, le peuple organisé, qui les eût tous étudiés, guidé par l'intérêt personnel, par l'intérêt de conservation, si perspicace et si sûr, eût bientôt discerné celui qui lui aurait été le plus avantageux et l'aurait acclamé avec enthousiasme?

Tandis que depuis février, les écoles et les sectes se sont agitées dans le vide, s'épuisant en vains efforts, séparées du peuple, leur œuvre était le tonneau des Danaïdes; aussi, divisées entre elles, sans appui, sans aboutissants, sans unité de doctrine, elles n'ont pu vaincre l'hostilité permanente des ennemis des réformes; elles n'ont pu entraîner les gouvernements, privés de force et d'appui et de mécanisme administratif; elles n'ont pu même, privées qu'elles ont été de la liberté de la presse et du droit de réunion et d'association, conquérir l'opinion publique, puisqu'il leur était impossible d'arriver jusqu'au peuple. Or, ne pouvant trouver ni juges, ni arbitres qui décidassent de leur mérite, les écoles s'acharnèrent à une propagation exclusive de leurs théories; chacune d'elles, se croyant seule capable de sauver la société, s'habitua à ne voir dans toutes les autres sectes que des compétiteurs injustes, ignorants et aveugles, sinon des plagiaires et des concurrents, et en arriva bientôt à la haine, à l'exclusion et à l'injure.

Si bien que les populations, voyant tous les réformateurs se haïr, s'injurier, nier réciproquement la valeur, le mérite et la sincérité de leurs principes, de leurs théories, de leurs systèmes, finit par ne plus savoir lequel entendre, puisqu'ils étaient tous détracteurs les uns des autres; les populations, désorientées, ne sachant où trouver la vérité, finirent par se décourager et par abandonner toutes les écoles et toutes les sectes, les vouant ainsi à l'oubli, au dédain, au mépris.

Toutes les écoles, toutes les sectes, aussi bien les économistes que les socialistes, aussi bien les philosophiques que les religieuses, se trouvent donc aujourd'hui, par le fait de l'absence absolue d'une mauvaise organisation du peuple, dans une situation également fâcheuse d'impuissance et d'isolement.

Et pourtant, d'un moment à l'autre les écoles et les sectes peuvent se trouver dans la situation où se sont trouvés en février les républicains de la veille, auxquels il est tombé sur les bras une république dont ils n'ont su que faire après l'avoir tant sollicitée et provoquée. Il en serait encore de même, si une république démocratique tombait sur les bras des socialistes ou des économistes: ils ne seraient pas prêts à la recevoir, ils ne sauraient qu'en faire: car leurs théories ne sont point élaborées, elles ne sont point connues, elles ne sont point admises par tous. Aucune d'elles ne possède même le caractère scientifique qui puisse les rendre incontestables, qui puisse les faire admettre. Pour que les économistes et les socialistes fussent prêts à accepter le pouvoir, il faudrait qu'ils eussent un corps de doctrines qui pût faire autorité, et qui, mûri, élaboré, fût prêt à être mis en pratique. De toutes ces conditions si indispensables, aucune n'existe.

De telle sorte que si la providence, dans sa colère, envoyait subitement à la France une nouvelle révolution, les écoles et les sectes, prises au dépourvu, renouvelleraient les hontes de la France ; elles ne feraient rien, elles ne pourraient rien faire et bientôt le pays, encore une fois trompé, s'enfoncerait plus profondément, s'il était possible, dans la misère et dans le désespoir.

Sans doute en cas de révolution, soit par la force des choses, soit par la ruse, soit par la violence, une école réussirait à s'emparer du pouvoir ; mais, comme chaque école économique ou socialiste a la prétention de posséder exclusivement la vérité, il en résulterait évidemment que l'école qui se serait emparée du pouvoir, qui serait devenue gouvernement, non seulement comme tous les autres gouvernements se trouverait sans force, sans appui, sans mécanisme administratif, en butte aux attaques de tous les ennemis des réformes ; mais à tous ces obstacles viendrait se joindre un obstacle nouveau et terrible : l'antagonisme de toutes les autres écoles.

Les écoles et les sectes éloignées du pouvoir, convaincues de la fausseté des théories installées au gouvernement par l'école triomphante, s'acharneraient à sa destruction, et bientôt le peuple, entraîné par tant d'attaques, ne sachant plus discerner le bien du mal, le vrai du faux, prêterait les mains aux assaillants de l'école gouvernante qui ne tarderait pas à succomber. Assaillie de tous côtés par les écoles rivales et par les coalitions des privilèges, au lieu de pouvoir réaliser ses théories, elle serait obligée de faire de la propagande, c'est-à-dire qu'au lieu d'agir il lui faudrait parler, laissant ainsi aux ennemis des réformes le temps de renouer leur trame rompue et de préparer une nouvelle réaction.

Les écoles et les sectes doivent donc renoncer au pouvoir, car ce n'est pas de la force et de la puissance qu'elles ont besoin, c'est de la propagation, c'est du concours des convictions. N'ayant point de corps de doctrine, divisées entre elles, qu'elles acceptent donc le peuple pour juge, lui, le seul intéressé, aux pieds duquel viendront expirer toutes les utopies, toutes les illusions, toutes les vanités, toutes les erreurs, tous les mensonges. Le peuple saura bien les mettre d'accord, en acceptant de chaque école, de chaque secte, ce qui lui paraîtra bon, juste et vrai, et en rejetant ce qui est faux ou empirique.

Par conséquent, au lieu de rechercher le pouvoir, au lieu de l'accepter si une révolution vous le jetait sur les bras, ô socialistes, économistes, philosophes et sectaires, hâtez-vous de le remettre au peuple lui-même, et si vous acceptez le pouvoir ne vous en servez que pour organiser le peuple. Organisez le grand jury appelé à juger toutes les théories sociales ; par ce moyen, aucune école, aucune secte ne prenant la domination, toutes ne songeraient qu'à se faire juger, et à démontrer au peuple organisé, à leur juge, la supériorité et les mérites de leurs doctrines et de leurs principes.

Si donc, ô socialistes, ô économistes, si donc nous avons une nouvelle révolution, ne songez ni les uns, ni les autres, à vous emparer du pouvoir afin de réaliser qui le phalanstère, qui la banque du peuple, qui le commerce organisé, qui le libre-échange, qui le crédit foncier, car chacun de ces systèmes a trop de contradicteurs et est trop peu connu du peuple pour pouvoir être admis. Si vous étiez assez avides, assez orgueilleux pour essayer de prendre le pouvoir comme moyen d'imposer vos théories, vous échoueriez inévitablement, vous égareriez encore une fois la révolution, vous aggraveriez les maux de la France, vous laisseriez passer l'heure favorable, et la France se retirerait encore une fois d'utopistes aussi dangereux qu'impuissants.

Entendez-vous tous pour organiser le peuple, et prenez-le pour juge. Souvenez-vous bien que l'autorité, le pouvoir des dictateurs ne feront jamais accepter vos théories; la raison seule, la discussion, la conviction pourront le faire. Organisez donc le terrain commun de la discussion, de l'étude, de la propagation, de la conviction; organisez le peuple et soumettez-lui vos théories.

Alors, ô vous tous qui tremblez d'effroi aujourd'hui à la pensée d'une révolution possible, gouvernants, bourgeois, prolétaires, républicains, économistes, socialistes, philosophes et sectaires, vous tous qui vous demandez : Que ferons-nous en cas d'une révolution nouvelle ? vous tous qui, à cette question terrible vous sentez défaillir, et qui pressentez bien qu'en cas de révolution il ne s'agira pas cette fois de demander au peuple trois mois de misère au service de la République, encore une fois que ferez-vous ?

Hélas! si l'on en juge par ce que vous faites et par ce que vous avez fait, il est bien évident que vous ne saurez que faire.

La réponse est pourtant bien simple.

CE N'EST PAS VOUS QUI DEVEZ FAIRE, C'EST LE PEUPLE; C'EST LUI QUI FAIT LES RÉVOLUTIONS, QUI POSE LES PROBLÈMES : C'EST A LUI DE LES RÉSOUDRE.

En effet, le problème social intéresse tous les citoyens sans exception : tous les citoyens doivent donc se mettre à l'œuvre; tous doivent travailler à la solution, tous doivent intervenir dans l'étude et la réalisation, suivant la mesure de leur intelligence et l'importance de leurs intérêts.

Mais pour que le peuple puisse remplir cette mission, qui lui appartient à lui seul; pour qu'il puisse étudier et résoudre; pour qu'il puisse, enfin, mettre la théorie en pratique : en un mot, pour qu'il puisse faire ce qu'il a toujours attendu des gouvernements et ce que lui seul pouvait faire, il lui faut inévitablement une organisation.

Organiser le peuple : telle sera donc votre œuvre à tous, si l'avenir nous réserve une nouvelle révolution.

Plus de discours, plus de promesses, plus d'attente; pas d'autorité, pas de dictateurs, pas de théories ni de systèmes; surtout, pas de décrets.

Organisez le peuple, remettez-lui le pouvoir consultatif et administratif; alors le peuple organisé, au lieu de vous dévorer et de se dévorer lui-même, au lieu d'exiger, sous peine de renversement, de ses gouvernements ce qu'ils ne peuvent lui donner, le peuple, directement mis aux prises avec les difficultés, obligé de compter avec tous les droits, avec tous les intérêts légitimes; obligé de tenir compte de la liberté de chaque individu, le peuple, en pleine révolution, comprenant l'étendue d'une pareille tâche, se calmera subitement; il se recueillera.

Ne comptant plus sur les gouvernements ni sur les fallacieuses promesses des écoles et des sectes, des partis et des individus; n'ayant à s'en prendre qu'à lui-même des retards, des insuccès, puisqu'il n'entreprendra de réaliser que les systèmes qu'il aura étudiés, discutés, adoptés, il se mettra résolument à l'œuvre, et bientôt l'étude, la discussion, remplaçant la violence et la lutte, une investigation ardente commencera; et alors, au lieu de trois mois, le peuple accordera au gouvernement de son choix trois ans, trente ans, trois siècles, s'il le faut, pour arriver à une organisation meilleure.

Voilà ce qui vous sauvera, ô bourgeoisie, et préservera vos droits légitimes; vous serez sauvée par la liberté, que vous avez tant maudite!

Voilà, ô prolétaires, ce qui vous assurera la liberté, l'égalité et la fraternité, et réalisera progressivement pour vous l'éducation, la propriété et le bien-être.

Voilà, ô gouvernements, ce qui vous donnera la force, le point d'appui et le mécanisme administratif, c'est-à-dire la gloire, la puissance et la durée.

Voilà surtout, ô socialistes, économistes, philosophes et sectaires, ce qui vous enlèvera la terrible responsabilité qui vous écraserait, si une nouvelle et terrible révolution éclatait sur la France, vous trouvant si peu prêts et si insuffisants.

Mais, dira-t-on, si la solution du problème social est abandonnée au peuple tout entier, s'il doit prononcer sans appel sur les intérêts des classes, des partis et des écoles, n'est-il pas évident que les intérêts du prolétariat étant en majorité, tous les intérêts opposés seront immédiatement sacrifiés, quelles que soient la justice de leur cause et l'évidence de leur légitimité?

Si le peuple intervient dans toutes les discussions élevées entre la possession et le prolétariat, la question est jugée d'avance : les prolétaires ayant la majorité, décideront les mesures les plus attentatoires à la possession et à ses droits.

Nous sommes convaincu que les choses ne se passeront point ainsi.

Lorsque le peuple se verra en face des difficultés, lorsqu'il sera appelé à les résoudre, tout en acceptant et sauvegardant les droits et la liberté de la société et de l'individu, il aura bientôt appris que, porter la main sur un droit ou sur une liberté parce qu'ils ne seraient pas les plus forts, ce serait attenter dans l'avenir à son propre droit, à sa propre liberté.

Publicité et liberté de discussion sont les plus puissants défenseurs de tous les droits légitimes.

En effet, que les haines les plus invétérées, que les projets les plus ténébreux soient obligés de subir la discussion publique et libre des assemblées communales; que les théories les plus subversives soient obligées de se faire juger à ce tribunal suprême du pays, et ce fait seul les frappera de mort.

Du moment qu'il faudra au grand jour, aux yeux de tous, présenter et soutenir une mesure spoliatrice des droits de la société ou de l'individu, nul homme ne sera assez audacieux pour oser préconiser l'injustice et la spoliation.

Que la discussion soit ouverte, et tout aussitôt tous ces projets, en apparence si terribles et qui ébranlent la société jusque dans ses fondements, viendront expirer au grand jour sous le mépris universel. Leur force ne provient aujourd'hui que de ce que leurs auteurs sont obligés d'agir dans l'ombre.

La révolution de Février a donné une preuve irréfutable de ce que nous avançons.

Le lendemain de la révolution, la nécessité de donner satisfaction à la tendance socialiste de cette révolution amena la création, dans quelques grandes villes, de comités dits du travail, tels, par exemple, que les comités du Luxembourg à Paris, et du palais Saint-Pierre à Lyon. Il est de bon ton d'accuser ces comités d'avoir fait tout le mal, d'avoir excité les passions et les haines, et pourtant, nous le disons sans hésiter, si la société a réussi à traverser sans périr le torrent révolutionnaire, c'est à ces tribunes calomniées qu'elle doit son salut. Sans elles, la bourgeoisie eût été broyée et renversée.

Ces comités étaient un lieu de discussion où le peuple voyait ou croyait voir défendre ses droits; les hommes qui les composaient, à tort ou à raison, possédaient sa confiance.

Eh bien! par cela seul qu'il y avait une tribune ouverte où les intérêts du peuple pouvaient être discutés, le peuple, dès ce moment, ne songea plus à la violence; c'est ainsi que le comité de Lyon a vingt fois réussi à prévenir les agressions terribles des ateliers

nationaux ; c'est ainsi qu'intervenant entre les ouvriers et les patrons, établissant entre eux un arbitrage
de justice et de conciliation, il calmait les haines, il
amenait des concessions qui résolvaient des difficultés
qui, sans son intervention, se fussent vidées par la
force, et à coup sûr les patrons n'auraient pas été les
plus forts.

C'est ainsi que ces comités, par le fait seul de leur
existence et de la publicité, donnaient une issue à toutes
les théories, même les plus insensées, qui venaient
expirer sous la discussion sans laquelle elles eussent fait
explosion et brisé la société.

Les comités du travail, en éloignant le peuple des
violences toujours inutiles, en l'amenant à rechercher
la discussion, sont devenus réellement les plus sûrs
défenseurs de l'ordre et de la paix.

Et pourtant, il ne faut pas se le dissimuler, ces
comités étaient formés en grande majorité d'hommes
ennemis irréconciliables de la vieille société, puisque
tous aspiraient à la détruire ; eh bien ! par cela seul
qu'ils étaient une assemblée, qu'il fallait discuter,
qu'ils délibéraient publiquement, ces révolutionnaires
se trouvaient transformés en conservateurs et en
conciliateurs.

Quelle influence ces comités n'eussent-ils pas exercée, si, établis dans toutes les communes de France,
si, nommés par le peuple lui-même, ils avaient été organisés partout.

Or, l'organisation politique du peuple serait justement, selon nous, appelée à généraliser les avantages
que l'ordre et la paix ont obtenus de la création
spontanée des comités du travail sur le petit nombre
de points où il en fut créé après février.

Donc, si l'on veut prévenir une nouvelle révolution,
ou en cas de révolution si l'on veut sauver la société
de l'anarchie, la seule chose à faire c'est d'organiser le

peuple, et au lieu de chercher à mettre, d'autorité, les théories en pratique, c'est de mettre immédiatement ces théories à l'étude dans le sein des assemblées du peuple, afin que, s'éclairant par cette discussion, le peuple demande la réalisation des institutions nouvelles avantageuses pour tous, et qu'il puisse en opérer lui-même l'application.

A ce prix est le salut de l'avenir.

AU LECTEUR

La présente publication, destinée à son début à n'être qu'une petite brochure, s'est peu à peu étendue jusqu'à devenir un volume; en voici la raison : L'auteur travaille à la seconde édition de LA RÉFORME DU CRÉDIT ET DU COMMERCE, la première étant épuisée; mais comme cette nouvelle édition sera totalement refondue et augmentée, il aurait fallu trop attendre; l'auteur s'est donc décidé à publier une partie des matériaux de la deuxième édition en attendant une publication plus complète.

Ceci explique donc la concision, le manque de développement d'un grand nombre de points qui sont plutôt affirmés que longuement démontrés.

D'un autre côté, aux difficultés inséparables de toute publication sont venues s'en ajouter d'autres. L'auteur est à Paris, l'imprimeur habite Grenoble; ils ne pouvaient donc avoir ensemble ces rapports fréquents qui sont indispensables pour une bonne exécution : l'imprimeur, pour demander des explications et soumettre ses doutes; l'auteur, pour coordonner les diverses parties de son travail et faire suivre, pour ainsi dire, à l'exécution matérielle de son livre, une marche parallèle à celle de ses idées.

Ces réflexions seront suffisantes, nous l'espérons, pour expliquer certaines lacunes, et pour appeler sur cet ouvrage la bienveillance du lecteur.

TABLE DES MATIÈRES.